漫画小学生心理素质训练营

自信交流

培养勇气和表达的 44个练习

[日]高取志津香 [日]语桥儿童发展中心 著 黄少安 译

化学工业出版社
·北京·

内 容 简 介

本书旨在帮助小学生通过漫画和简洁的文字学习日常沟通技巧，改善他们在多种社交情境下的表达能力，从而提升自信。书中覆盖了从初次交流到解决争吵，从解释失误到拒绝请求等常见情景，提供了针对性的沟通障碍分析和具体对策。每一章节都以特定的情境开始，解释可能遇到的沟通障碍，并提供了具体的对策和作业练习。

除了语言表达技巧，本书还强调自我意识的重要性和尊重他人，包含多个"作业题"，这些互动活动旨在鼓励读者将书中的理论应用于实践，从而在日常生活中增强自信和提升人际交往能力。

本书适用于各年龄层的读者，尤其是小学生和他们的监护人或教育工作者，旨在帮助孩子们深入理解并改进日常生活中的沟通方式。

IRASUTOBAN KIMOCHI NO TSUTAEKATA—COMMUNICATION NI JISHIN GA TSUKU 44NO TRAINING

by Shizuka Takatori, JAM Network

Copyright © Shizuka Takatori, 2007

All rights reserved.

Original Japanese edition published by GODO-SHUPPAN Co., Ltd.

Simplified Chinese translation copyright © 2022 by Chemical Industry Press

This Traditional Chinese edition published by arrangement with GODO-SHUPPAN Co., Ltd., Tokyo,

through Office Sakai and Beijing Kareka Consultation Center，Beijing

本书中文简体字版由 GODO-SHUPPAN Co., Ltd. 授权化学工业出版社独家出版发行。

本书仅限在中国内地（大陆）销售，不得销往中国香港、澳门和台湾地区。未经许可，不得以任何方式复制或抄袭本书的任何部分，违者必究。

北京市版权局著作权合同登记号：01-2024-3735

图书在版编目（CIP）数据

自信交流：培养勇气和表达的 44 个练习 /（日）高取志津香，日本语桥儿童发展中心著；黄少安译 . —北京：化学工业出版社，2024.7

（漫画小学生心理素质训练营）

ISBN 978-7-122-45697-7

Ⅰ . ①自… Ⅱ . ①高… ②日… ③黄… Ⅲ . ①语言艺术—少儿读物 Ⅳ . ① H019-49

中国国家版本馆 CIP 数据核字（2024）第 102474 号

责任编辑：马冰初 　　　　　　　　　　　　文字编辑：李锦侠
责任校对：王鹏飞 　　　　　　　　　　　　装帧设计：盟诺文化

出版发行：化学工业出版社（北京市东城区青年湖南街13号　邮政编码100011）
印　　装：北京新华印刷有限公司
787mm×1092mm 1/16　印张7¼　字数200千字　2025年1月北京第1版第1次印刷

购书咨询：010-64518888 　　　　　　　　　售后服务：010-64518899
网　　址：http://www.cip.com.cn
凡购买本书，如有缺损质量问题，本社销售中心负责调换。

定　　价：49.80元 　　　　　　　　　　　　版权所有　违者必究

致亲爱的读者

首先，感谢你选择了这本书。当你和朋友、父母或老师交谈时，是否曾想过："这个时候我该怎么说才好？"比如：

希望在新班级能交到朋友时；
和朋友吵架了，希望与对方和好时；
东西又忘在外面了，不知怎么向爸妈解释时；
心里不喜欢，却不知道怎么拒绝时；
有想法但不知道怎么表达时。

这些是不是让你感到困扰呢？这本书会用简单的漫画和文字，教你如何用自己的话来表达心情和想法。如果你总是忍耐，心想"算了，反正说了也没用"，那么压力会慢慢积累起来。

与人沟通并不总是容易的，不仅对大人，对孩子也是一样。但就像体育运动一样，多练习就会变得更好。通过阅读这本书，你可以学会如何清晰、易懂地表达自己的感受，考虑到听者的心情，让对方感觉舒服。掌握了这些技巧，你就可以变得更加善于表达自己。

要将心情传达给别人，首先你得了解自己的真实感受。这本书不仅教你如何表达，还教你如何了解自己的心情。如果你自己都不清楚自己的想法，那么再多的表达技巧也难以获得有效的沟通。

我们希望通过这本书，让你学会了解自己的想法，体谅别人的感受，并能清楚、流畅地表达自己的观点。最初可能需要勇气，也可能不会立刻做得很好，但别害怕失败，勇敢地去尝试吧！

书的特色和使用方法如下。

1. 我们采访了许多孩子，根据他们的反馈整理了书中的内容。

2. 对于各种常见情况，书中提供了简单有效的解决方法和建议。

3. 为了帮助你真正掌握沟通技巧，每一节都配有"练习"。按照你的节奏，认真完成这些题目。不要只做一次，多做几次会更有效。可以在书上大胆地写下你的想法，过一段时间再看，你会发现自己的成长。

4. 遇到具体困难时，不要随便翻书，直接找到相应的章节。

5. 读完后，把这本书放在容易拿到的地方，不时翻看，也许你会发现新的技巧。

希望这本书成为你的好帮手，让你变得更自信，更善于表达自己。在你成长的道路上，这本书提供的技巧会一直伴随你，帮助你在未来的生活中表现得更加出色。

语桥儿童发展中心老师
高取志津香

致家长和教育从业者

这本书旨在帮助孩子和成人提升必备的沟通交流技巧。它详细介绍了如何开启与人的对话、如何清晰地表达思想、如何采用简洁明了的说话方式、如何整合自己的想法以及如何礼貌地进行表达等关键技能。

本书通过 44 个实用案例，提供了直接可用的应对策略，帮助孩子在遇到"该如何表达自己"的情况时找到解决方法。除了交流技巧，本书还提供了如何在感到难过或受挫时重新振作起来的策略，以及如何在被人不当对待时保护自己感受的策略。这些技巧旨在加强孩子的内心力量，赋予他们独立行动的勇气。

我们的目标不仅是提高孩子的表达能力，更重要的是教会他们如何在尊重自己的同时尊重他人。本书中的教学方法汲取了美国家庭和学校的交往教育实践，以及商业领域广为人知的"指导沟通"技巧。这些策略旨在帮助孩子们应对成长过程中不可避免的人与人之间的矛盾和冲突。

成长意味着面对挑战和解决问题，我们希望各位家长和教育从业者能够让孩子尝试着去独立解决问题。相信这些经验会在孩子成年后继续发挥作用。孩子天生具有解决问题的能力，但这需要在不断的尝试和实践中才能完善。

我们鼓励家长默默支持孩子的努力，信任他们有能力去独立面对挑战。然而，当孩子发出求助信号时，家长应全力以赴帮助他们。孩子开始对大人倾诉时，一定要耐心地听孩子把话说完，让孩子宣泄出他们内心的不良情绪。在遇到严重问题如校园暴力时，可能需要成人的直接介入，帮助孩子解决问题。

让孩子们知道，无论何时，家都是他们可以依靠的港湾。这个安全的庇护所不仅是他们在受伤或疲惫时的避风港，也是他们在身心充电后重新出发的地方。

最终，我们希望这本书能帮助每个孩子养成独立面对生活挑战的能力，依靠自己的力量创造幸福生活。这本书将是每个孩子在人生旅程中宝贵的精神食粮。

语桥儿童发展中心老师
高取志津香

目录

自我检测表

——在进行训练之前——

自己的"心意"往往最难懂。在本书的最开始，让我们来试着写一写令自己充满期待的事情、快乐的事情、喜欢的事情……

自我检测 1　现在的自己

现在的自己是怎样的？自由地写出你的答案吧。

○令你期待的事情是什么？

_____

○做起来让你感到快乐的事情是什么？

_____

○在什么时候你会感到开心？

_____

○你喜欢的气味是什么？

_____

○你喜欢的味道是什么？

_____

○你喜欢的声音是什么？

_____

○你喜欢的场所是哪里？

_____

○你喜欢的人是谁？

_____

○对你来说重要的人有谁？

_____

○曾经让你感到快乐的体验是什么？

_____

○你喜欢自己的哪个方面？

_____

○自身最感骄傲的地方是什么？

_____

自我检测 2　今后的自己

　　未来，你想成为一个怎样的人？什么样的答案都可以，遵循内心，按自己所想，自由地写出你的答案吧。

○你住在哪儿？

_____

○周围有什么样的人？

_____

○正玩着什么样的游戏？

_____

○想做什么工作？

_____

○穿着什么样的衣服？

_____

○听着什么样的音乐？

_____

○和什么样的人成为了朋友？

_____

○想要拥有什么东西？

_____

○希望自己在别人看来，是一个怎样的人？

_____

○想为身边的人做些什么？

_____

○会对什么事情充满感激？

_____

○你认为怎样能让你感到幸福？

_____

"自我检测表"完成得怎么样？

想要和他人更好地交流，

我们必须了解自己期待什么、喜欢什么、什么能让自己感到快乐。

那里是你的内心王国。

无论有谁想要破坏它，我们都绝不允许。

自己的王国，让我们自己来守护。

那么接下来，就要开始正式的练习啦！

第1章
不同场景的表达方法训练

1 遇到认识的人时

你放学回来啦！

呃……

放学回家的路上，邻居们经常会跟我说："放学回来啦！"这时候，我应该如何回应呢？

因为并没有回到自己家，所以这时说"我回来啦"似乎有些奇怪，人家说"你放学回来啦"，我们如果回答"您好呀"好像也不合适。你是不是也经常苦恼——这种场合到底该说些什么呢？

能够对你说"你放学回来啦"的邻居，一定是把你看作自己家放学回来的孩子，在迎接你。所以这时，你说"我回来啦"也可以，说"您好呀"也可以，只要有礼貌、带着笑容就可以了。

在这里，重要的是与人进行语言上的交流、心灵上的沟通。为了彼此相处得更加融洽，寒暄问候不可或缺。

练习

1 这些场合，你都是如何寒暄问候的呢?

1. 出门时
_____

2. 回到家时
_____

3. 家人回来时
_____

4. 吃饭之前
_____

5. 吃完饭后
_____

6. 有客人来你家时
_____

7. 与人初次见面时
_____

8. 客人要回家时
_____

9. 去朋友家拜访时
_____

10. 要从朋友家离开时
_____

11. 进入老师办公室时
_____

12. 从老师办公室出来时
_____

常用的寒暄问候语

1. 我出门啦 / 2. 我回来啦 / 3. 您回来啦 / 4. 我开动啦 / 5. 我吃饱啦 / 6. 欢迎您来我家 / 7. 很高兴见到您 / 8. 下次再来呀 / 9. 打扰啦 / 10. 今天很高兴，多谢款待啦 / 11. 老师好，我进来啦 / 12. 谢谢老师，我先回教室啦

2 昨天你对谁做了怎样的寒暄问候呢? 试着写出来吧!

	对谁	怎样的寒暄问候
例: 早上	(父母、老师)	(早上好)
中午	( )	( )
晚上	( )	( )
睡前	( )	( )
与人道别时	( )	( )
回家时	( )	( )
道谢时	( )	( )
吃饭前	( )	( )
吃饭后	( )	( )
道歉时	( )	( )

2 想要抓住开启对话的契机时

土豆
2.5 元

卷心菜
1 元

苹果
2 元

白萝卜
1.5 元

妈妈让我去果蔬店买一些白萝卜回来。但果蔬店的售货员看起来总是很忙的样子，根本注意不到我。这时，究竟要如何开启对话，让售货员注意到我呢？

当我们想要与某人说话，或者有事情想要咨询某人时，需要一些缓冲语（铺垫语）开启对话。

面对上面的情形，直接说"我要买萝卜"也不是不行，但如果前面加上一些缓冲语，比如"您好，麻烦您，我想买一些萝卜"，这样听起来是否会更柔和、更有礼貌一些呢？

缓冲语（铺垫语）在与朋友、老师、家人聊天时也可以用到。当你想要寻求他人的帮助，或者有些事难以开口时，不妨试试缓冲语吧。它会让你和对方的情绪都变得柔和，让说话的人说得更轻松，让听话的人听得更舒服。

练习

1 通过"连线小游戏"练习使用缓冲语吧!

■有事情想要询问他人时

　　在每两条竖线之间自由地画上横线,任意选择一条竖线的最上方作为起点,然后按照线条指示往下走,每次遇到与横线相交的地方必须折拐,看看最后抵达的终点对应着哪句缓冲语,大声地练习它吧!

对不起……

不好意思,打扰您一下……

对不起,我想稍微请教您一下……

百忙之中,打扰到您了……

请问一下……

拜托您了……

不好意思……

> **!** 在外面想要询问陌生人哪里有卫生间、去某地怎么走时也可以使用。

> **!** 只需要一句简简单单的缓冲语,给对方带去的印象就会大不一样。缓冲语是让交流变得更和谐的秘密武器。

2 试着对家人和朋友也使用缓冲语吧!

■有事情想要拜托他们时

· 真是不好意思,如果可以的话……

· 您能帮我做一下×××吗?

· 真的很抱歉,您能帮我这一次吗?

· 不着急的,晚一点也可以……

· 拜托您了!

· 好难为情啊,我有件事想拜托您帮我一下。

· 拜托你帮帮我吧!

· 我有件事想拜托您,不知道您方不方便……

· 您现在可以帮帮我吗?

· 请问,您现在方便吗?

· 我可以打扰您一下吗?

3 与初次见面的人说话时

心灵的围墙

求你了，可千万不要找我说话呀！

扑通 扑通 扑通 扑通 扑通

与人初次见面时，不知如何开口与对方交流。心里十分紧张，想着"拜托你了，可千万不要找我说话呀"。

第一次找从来没有说过话的人说话，任谁都会很紧张。

但是，克服这种紧张心理，鼓起勇气试着和对方交谈，渐渐地就会习惯。

随着第二次、第三次……第 n 次挑战和从未交谈过的人说话，内心的紧张感会逐渐减弱。所以，我们在日常生活中就努力试着尽可能多地去和不同的人说话吧。

为什么要培养这种与陌生人说话的能力呢？因为万一哪天我们迷路了，需要找陌生人问路呢？

不要从一开始就给自己的内心筑起围墙，认为自己做不到，大胆地去和各种各样的人说话吧！

练习

1 你能和下面的人物自如地对话吗？可以的请在□中打"√"。

例：☑爸爸、妈妈、哥哥、姐姐、弟弟、妹妹

□爷爷、奶奶、外公、外婆、叔叔、伯伯、婶婶、姨妈

□关系好的朋友

□班主任、校长、医务室的老师

□兴趣班的老师

□爸爸妈妈的朋友

□哥哥姐姐弟弟妹妹的朋友

□没怎么说过话的朋友

□爸爸妈妈公司的叔叔和阿姨

□朋友的爸爸妈妈

□超市的店员

□警察

□邻居

□车站的工作人员

□医院的医生、护士

□图书馆的工作人员

2 下面这些情形，你能很好地表述吗？

□想要分享在学校的经历、与朋友发生的事情时

□想要邀请朋友一起去玩时

□学习中遇到不懂的问题想要请教他人时

□想要说明自己的身体状况不好时

□想要问路时

□想要跟兴趣班的老师请假时

□想要询问车站的工作人员这辆车是否可以到达你的目的地时

4 想要与某人成为朋友时

微笑～

这种感觉就好吧？

今天是新学期开学第一天，我被分到了一个新的班级。
要是能交到新朋友就好了。我该怎么跟大家打招呼呢？

想要交到新朋友时，你该怎么做呢？等着别人跟你打招呼吗？也许，会有小伙伴主动跟我们打招呼呢。

但我们稍稍鼓起勇气，主动跟他人打招呼，是不是更容易交到朋友呢？

"你这支笔好好看呀，在哪儿买的呀？"

"你喜欢看什么电视节目呀？"试着这样打开话题。

接着可以聊一聊你自己的事情，如果对方感兴趣的话，一定也会很想跟你聊天。

在交朋友这件事上，最重要的是见第一眼时给人留下的印象。总是笑脸盈盈、看起来很开朗的人是不是会更让你想靠近？因此，我们也要努力成为这样的人呀。

练习

1 　思考制造契机的话语。

■以随身物品为话题

例：你的这支笔好可爱呀，在哪儿买的呀？ 你的这双帆布鞋哪儿有卖的呀？

_____

_____

■向对方提问，寻找共同点

例：你住在哪里呀？ 你喜欢什么漫画呀？

_____

_____

■说说自己的事情

例：我喜欢××。我最近在做××。

_____

_____

■邀请对方一起做某事

例："今天我们一起去玩儿吧？""今天一起回家吧？""要不要一起去××？"

_____

_____

2 　这种场合，你会怎样说呢？

·想加入对方的小团体时

_____

·郊游中想和对方一起吃便当时

_____

·想要和对方一起回家时

_____

·想要和对方一起去游泳时

_____

·想要和对方一起去商店时

_____

5 想要与对方重归于好时

写信大作战

这是给你的信，你看看吧!

与朋友争吵后想要和好，怎样说才好呢?

很多时候，我们想要与闹了别扭的小伙伴和好，却很难迈出第一步。害羞，害怕被对方无视，总之找不到和好的契机。

其实成年人也是如此。大人们发生争吵后，想要和好也要费一番功夫。

因此，这里给大家介绍一些创造和好契机的"作战方法"。

①笑脸大作战。

②主动道歉大作战。

③写信大作战。

④拜托别人帮忙制造契机大作战。

⑤给彼此留一些时间的绝密战术。

现在，如果有想要与朋友和好的小伙伴，作战即将开始啦!

练习

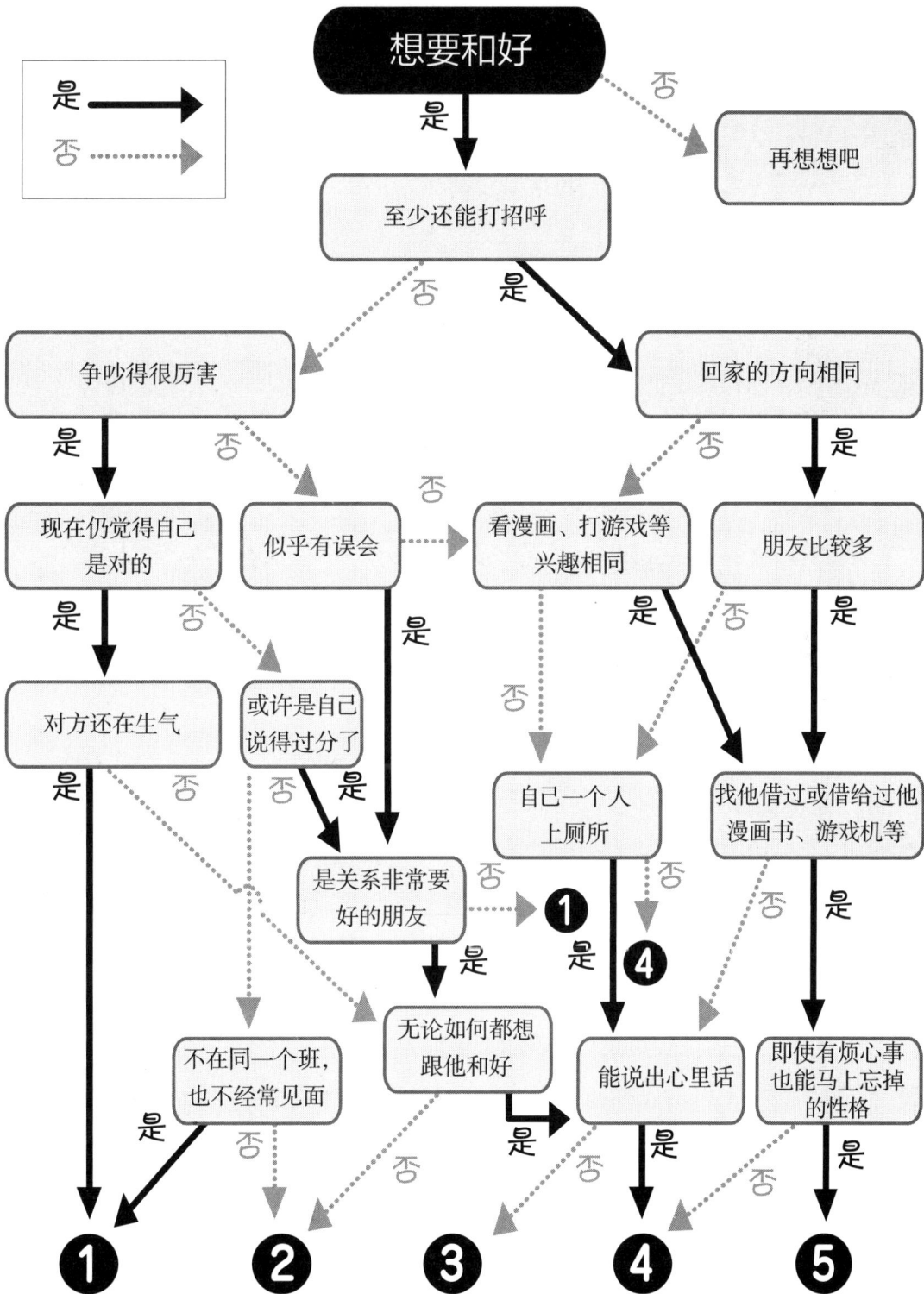

想要和好

至少还能打招呼

再想想吧

争吵得很厉害

回家的方向相同

现在仍觉得自己是对的

似乎有误会

看漫画、打游戏等兴趣相同

朋友比较多

对方还在生气

或许是自己说得过分了

自己一个人上厕所

找他借过或借给过他漫画书、游戏机等

是关系非常要好的朋友

不在同一个班，也不经常见面

无论如何都想跟他和好

能说出心里话

即使有烦心事也能马上忘掉的性格

是 →
否 ⇢

11

1 暂且选择给彼此留一些时间的战术吧！

2 选择让第三个人帮你创造一些与朋友和好的契机吧！
难以启齿、感到别扭的时候拜托你们共同的好友帮你们制造一些和好的契机。

3 选择用写信的方式进行和好大作战吧！
此作战方式适用于不善于当面表达的人。冷静下来，写一封信或邮件向对方传达你的心情。

4 选择自己主动道歉的方式进行和好大作战吧！
干脆自己先说一句"对不起"向对方道歉。此时对方也会跟你说："我也有不对的地方。"

5 选择微笑大作战吧！
就当你们仿佛没有争吵过一样，自然、开朗地笑着跟对方说话吧。如果能够微笑着跟对方说："对不起，是我不好。"那就真是太棒了。

　　最重要的一点是你的语言与态度中要饱含你的"心意"。通过上述自我剖析，你选择了哪个更适合你的方法？不妨去试试吧。

当你好不容易鼓起勇气找对方说话时，结果却因为声音太小、说话含糊不清，从而没能将你的心意传递给对方，这是多么令人沮丧的事情啊！因此，我们需要进行一些基础的说话练习，让自己的口齿更伶俐，表达更清晰。现在，让我们来练习下面的绕口令吧！

记得发每一个音时，要注意字正腔圆哦。

四是四，十是十，十四是十四，四十是四十。莫把四字说成十，休将十字说成四。若要分清四十和十四，经常练说十和四。

公园有四排石狮子，每排是十四只大石狮子，每只大石狮子背上是一只小石狮子，每只大石狮子脚边是四只小石狮子，史老师领四十四个学生去数石狮子，你说共数出多少只大石狮子和多少只小石狮子？

鹅过河——哥哥弟弟坡前坐，坡上卧着一只鹅，坡下流着一条河。哥哥说：宽宽的河，弟弟说：白白的鹅。鹅要过河，河要渡鹅。不知是鹅过河，还是河渡鹅。

有个小孩叫小杜，上街打醋又买布。买了布，打了醋，回头看见鹰抓兔。放下布，搁下醋，上前去追鹰和兔，飞了鹰，跑了兔。洒了醋，湿了布。

八百标兵奔北坡，炮兵并排北边跑，炮兵怕把标兵碰，标兵怕碰炮兵炮。

东边来了一只小山羊，西边来了一只大灰狼，一起走到小桥上，小山羊不让大灰狼，大灰狼不让小山羊，小山羊叫大灰狼让小山羊，大灰狼叫小山羊让大灰狼，羊不让狼，狼不让羊，扑通一起掉到河中央。

第 2 章

不同心情的表达
方法训练

6 | 想要知道对方的心情时

气氛有些奇怪哟~

妈妈皱起了眉头！
心里涌上不好的预感……
我是不是做错什么事情了？

在交流中很重要的一点是考虑对方的心情。他现在心情怎样？是开心？是悲伤？是孤独？还是……我们的表达方式也应该在照顾到对方心情的基础上进行调整。如果感觉对方心情并不好，就不要提出类似"帮我去买点东西吧"这样的请求。

对方的心情，我们可以通过他脸上的表情、声音的状态，以及他当下的一些行为举止来判断。但有时我们也会遇到这样一些人，明明很悲伤，脸上也会带着笑；明明很开心，却板着个脸摆出一副严肃的表情。

这时，我们就需要发挥自己的"想象力（换位思考的能力）"了——如果我是××的话，我此刻的心情会是怎样的呢？

练习

1　通过图片，想一想这个孩子此刻的心情吧！

○你认为这个孩子现在的心情如何？

· 为什么这样认为？

· 如果是你的话，当你经历怎样的事情时会有这样的心情？

○你认为这个孩子现在的心情如何？

· 为什么这样认为？

· 如果是你的话，当你经历怎样的事情时会有这样的心情？

○你认为这个孩子现在的心情如何？

· 为什么这样认为？

· 如果是你的话，当你经历怎样的事情时会有这样的心情？

○你认为这个孩子现在的心情如何？

· 为什么这样认为？

· 如果是你的话，当你经历怎样的事情时会有这样的心情？

2　思考一下你身边人的心情吧！

〔那个人的姓名〕

你认为他此刻的心情如何？

_____

_____

〔那个人的姓名〕

你认为他此刻的心情如何？

_____

_____

17

7 不知该如何回答时

> 回来啦？
> 今天的活动开心吗？
>
> 呃……怎么说呢……

今天参加了学校组织的社会参观活动，回家后妈妈问道：
"今天开心吗？"我不知道如何回答。
"呃……怎么说呢……"

　　你一定也有过这样的情况吧，不知该怎么说才好。有时候是因为某些原因不想跟父母分享，有时候则是因为说起来太麻烦了。

　　尽管如此，哪怕简短的一两句，也还是说一说你自己的感受吧。通常是因为你觉得既有好的一面，也有不好的一面，所以才觉得"不好说"吧。可能今天的活动你既觉得"开心"，但也有令你感到"无聊"的地方。

　　你不需要一句话把你全部的情绪都表达出来，可以分开来说，例如"××的时候很开心""××的时候并不是很喜欢"等。

练习

1　**审视自己的内心，试着表达自己的心情吧！**

①自己的心情更倾向于哪一边呢？用 ⬭ 画出来吧。

②令你高兴的地方是什么？令你感到无聊的地方又是什么？

试着写出来吧！

例：社会参观活动

① ⟵ —— 开心 　　　　　　 无聊 ⟶

（自己的心情）

② ・运输传送带很有趣　　　　　・和好朋友开玩笑地打闹被朋友训斥了

・喝到了美味的橙汁　　　　　・一直在走路，走累了

・和朋友们交换点心

・在大巴车上一起唱歌

2　**想一想和家人一起外出郊游、学校组织运动会、举办艺术节等时，你的心情如何呢？像作业 1 中那样试着表达出来吧！**

⟵ —— 开心 　　　　　　 无聊 ⟶

！ 你的心情更倾向于哪一边呢？

8 感到开心时

放学前的班会上，有同学故意跟老师编造谎言告我的状，这时 M 同学站出来为我证明："老师，不是那样的！"

你一定会很高兴吧。

但如果只是心中默默想着"好开心，真的很谢谢她……"而不通过语言传达给对方，那么对方又怎么会知道你的心情呢？"哪怕我不说，她也应该知道我的心情吧"，这或许只是你单方面的想法。

试着把你的"好开心，真的很谢谢她……"用声音表达出来吧。或许你会觉得害羞，但你试想，如果有人对你说了这样的话，你是不是也会很开心呢？

向对方传达自己喜悦的心情，两个人就拥有了双倍的喜悦，一定要试着去表达！

练习

你是如何表达你的"感谢之情"的呢？

○选择你喜欢的表达方式吧，可以多选，将它们圈起来。

握手

击掌

微笑

写信

一个小暗号

鞠躬

短信

9 | 不知为何觉得心烦意乱时

也不知道具体因为什么，总觉得今天心里乱糟糟的。

　　你是否也常有这种感觉，觉得心里乱糟糟的，自己都搞不懂自己的心情。感觉心烦意乱，用一句话也无法形容自己当下的心情。但如果试着将这种"心烦意乱"整理一下，就会发现自己都未曾注意到的自己真实的情绪。

　　使用思维导图这一便利的方法，试着整理一下自己的内心吧。

练习

将烦乱的内心写在纸上，整理自己的心绪。

■ "思维导图"的书写方法

> **!** 该方法的关键在于把你但凡能想到的一切统统写下来。如果实在想不到写什么，可以做一次深呼吸，再观察观察自己的周围吧。

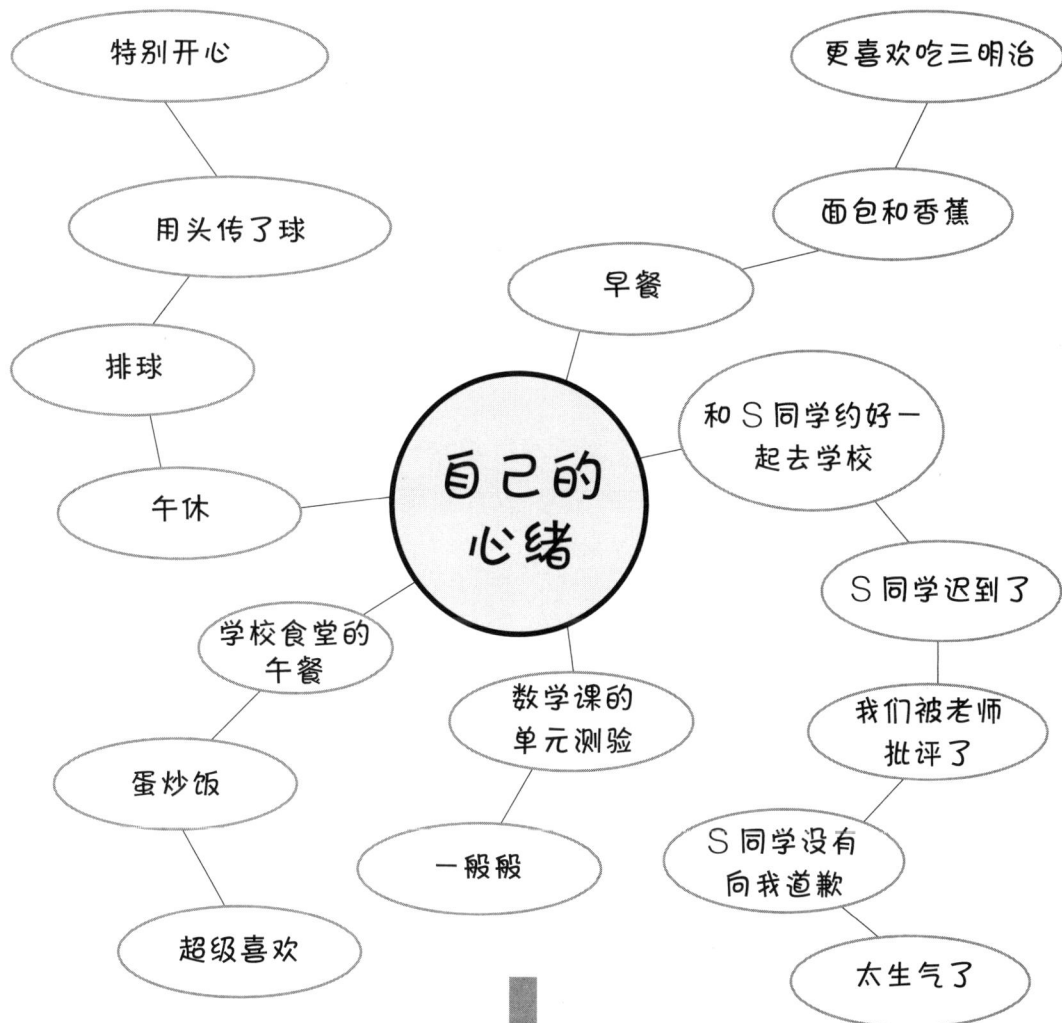

特别开心

更喜欢吃三明治

用头传了球

面包和香蕉

排球

早餐

午休

和S同学约好一起去学校

自己的心绪

S同学迟到了

学校食堂的午餐

数学课的单元测验

我们被老师批评了

蛋炒饭

一般般

S同学没有向我道歉

超级喜欢

太生气了

虽然一天中也发生了有趣的事情，但S同学没有跟我道歉这件事让我很生气。

23

因被同学嘲笑而感到沮丧时

咦～眼镜妹！

尴尬伤心

样子也太搞笑了吧~

哈哈哈哈哈哈

因为我戴眼镜，所以被班里的男同学嘲笑是"眼镜妹"。

当你因为自身的一些特点而被嘲笑时，一定会想，要是我能有勇气怼回去就好了，这样想的你，一定是个很善良、很温柔的人。

善良的孩子容易觉得"真的是因为我的样子太奇怪了，所以大家才嘲笑我的吧""是我自己不好""我真是太丢人了"，但事实绝对不是这样的。

那些嘲笑别人的人是不对的。

完全没有必要去觉得是自己不够好。

不要去责备自己。

这种时候，至少自己要站在自己这一边。

练习

练习为自己应援。

○站在镜子前，面向镜中的自己大声喊出下面的句子吧！自己亲耳听到这些句子非常
重要。

- 我做得很好！
- 他们不懂我的帅气！
- 我的样子一点儿也不奇怪。
- 我好像很聪明！
- 现在戴眼镜可流行了。
- 我戴眼镜的样子，看上去又乖又斯文。

- 要是瘦了反倒不像我了。
- 我这种算是治愈系了吧。
- 我看起来很温柔、很善良吧。
- 像我这样的人会让人感觉内心也很充实吧。
- 为什么每个人都一定要那么瘦呢？
- 稍微胖一点儿也没什么不好呀。
- 我的样子很帅气，不是吗？

- 不要往心里去！
- 我还在长高，来日方长。
- 我这样很可爱，不是吗？
- 身体健康，胖瘦合适才是最重要的。
- 世界上又不是每个人都一样高。
- 重要的是，不要在乎别人说什么！

11 好朋友和自己开玩笑过头时

吧 ★
唧！★
哈哈哈哈哈哈
呃……。

总是一起玩的好朋友小K一边大笑着一边狠狠地敲打我的后背、头部，或者突然从后面冲上来撞上我……

此时你的心情如何？觉得很讨厌还是觉得没什么关系？不同的人对同一件事的感受是不同的，哪怕是面对同一件事，有的人会觉得讨厌，有的人却会觉得没什么关系。

你可以问问自己的内心，你更偏向于哪一方呢？如果你真的觉得很不喜欢，希望对方不要再这样做了，那就应该明确地告诉他"我不喜欢你这样""你下次不要这样做了"。理由和具体的细节可以以后慢慢说，但要先明确表示反对和拒绝。拒绝的时候声音要清晰且坚定，保证周围的人能够听清你说的话。

这样一来，不仅小K知道了你不喜欢的事情，周围的人也了解了你不喜欢这样。

练习

1　了解你的真实内心。

· 因为不想失去朋友而经常忍耐。	（是・否）
· 因为想和大家做好朋友，所以决定不去在意这些事情。	（是・否）
· 偶尔会遇到讨厌的事情，但这种程度尚且可以接受。	（是・否）
· 既然大家觉得开心，那我就想着"算了吧"。	（是・否）
· 不想破坏与朋友间友好和谐的氛围。	（是・否）
· 害怕被排挤，变得孤身一人。	（是・否）
· "被欺负"也是因为被大家所喜欢，所以还好吧……	（是・否）

○如果你的答案中"是"的选项更多，说明你非常在意身边的人。但是，如果无论如何也无法忍耐，记得一定要表达自己的真实想法呀。如何表达可以通过作业2进行练习。

2　"让内心变得强大的训练"。在真正需要用上之前，先来做一些预备练习吧。

○在家里或者没有别人的地方，试着做发声练习。尽可能地气沉丹田，感觉声音是从腹部发出的，慢慢地、清楚地说。先试着在无其他人的地方一个人练习吧。

> "你住手！"
>
> "我不喜欢这样！"
>
> "你不要这样弄我！"
>
> "你为什么总喜欢这样呀？"

！ 嬉皮笑脸的样子会让人觉得你也是在闹着玩，所以摆出一副"认真的样子"继续进行上面的练习吧。

○对着镜子看看自己的表情如何吧！

○想象自己成功用上这些表达，让朋友不再对你做你不喜欢的事情后的场景。

○如果尽管已经鼓起勇气表达了自己的真实想法，但对方仍旧继续对你做令你不愉快的事情，那么此时可以找大人（你最信赖的大人）商量如何解决。

27

12 不得以配合大家而令你感到痛苦时

这是你的。

这样真的好吗？

不配合大家会不会被他们讨厌的……

小 A 在游泳馆捡到了 100 元钱，对大家说："这钱不知是谁丢的，等了半天也没有人回来寻找，咱们干脆平分了吧！"大家也没有说什么，最后连我也分到了 10 元钱。

但是，这是别人不小心弄丢的钱，拾到了难道不是应该交给游泳馆的管理员吗？应该拾金不昧不是吗？

自己的内心十分纠结，想提出自己的意见，但又担心"如果不配合大家的话，大家会不会讨厌我啊……"

不要强制自己必须去配合大家，如果你内心总是觉得有哪里不舒服，也试着去考虑一下自己真正的想法吧。

如果觉得"他们这样做很奇怪""这样做不对"，那么有时即使只有你自己一个人不赞同，也要拿出"独自一人"的勇气。

练习

你是否有"独自一人"的勇气?

· 在符合的选项上画上"○"。

1. 能够独自一人坐公交车（电车）。

2. 能够独自一人在家。

3. 能够参加没有熟人在场的聚会（运动、野营等）。

4. 能够独自一人去医务室。

5. 你的好朋友和别人一起玩你也能坦然接受。

6. 当被朋友邀请却正好有事无法答应时，也能说出"今天不行"。

7. 认为即使只有他一个人也能勇敢说出反对意见的孩子很厉害。

8. 认为别人是别人，你是你。

9. 即使大家都说"知道"，但如果你真的不知道，也能诚实地说出"我不知道"。

10. 认为人各不同，每个人有自己独特的想法很正常。

· 你画"○"的有几个呢?

有1~3个"○"的你

你是否容易感到孤单?

希望你能一点点地变得独立，自己一个人也能做很多很多的事情。

有4~6个"○"的你

现在的你基本上可以做到独自一人。

再接再厉，你能独自做到的事情还有很多，从力所能及的事情开始去尝试吧!

有7~10个"○"的你

你是一个独立且勇敢的孩子，继续保持吧!

13 成为孤立他人的一方时

被孤立

嬉笑打闹

S同学

我

K同学

K同学让我不要跟S同学说话，于是大家都孤立S同学。

可是我明明并不讨厌S同学。

你是否也有过同样的经历呢？这时，你的感觉如何？去认真想想自己当时真正的感受吧。然后再去想想，如果此时你是S同学，你的心情又会如何呢？相反，如果你是K同学，你又是抱着什么样的心态呢？

每个人或许都有自己的立场。但尽管如此，哪怕只有你一个人，你去成为保护S同学的那个人，会是一件很难的事情吗？

练习

试着想象一下。

- 试想自己是 S 同学。
  你的心情会如何?

_____

_____

_____

_____

- 试想自己是 K 同学。
  你的心情会如何?

_____

_____

_____

_____

- 站在"自己"的立场上去试想。
  你的心情会如何?

_____

_____

_____

_____

- 哪怕只有自己一个人,如果想要成为那个能够保护 S 同学的人,应该怎样做呢?
  有没有自己力所能及的事情?

_____

_____

_____

31

14 怒不可遏时

啊！明明跟你说过了不要碰我的游戏机！！！

因为某件事特别生气，简直怒不可遏……

当你特别生气，怒不可遏的时候，你是否会想要教训对方？嗯，有这种想法非常正常。

但你知道吗？为什么小婴儿动不动就哭？对，因为他们不懂得忍耐。但是当小婴儿渐渐长大后，就开始懂得如何控制自己的情绪了。

你已经是小学生了，如果能够学会控制自己的"怒气"，那简直太帅了。

当你觉得气得不行的时候，有以下几个好方法可以帮到你。

①深呼吸。

②在没有人的地方发泄自己的怒气。

我们不能随意向他人发泄自己的怒气，所以当你感到生气，甚至忍不住想要动手的时候，试着用上面的方法控制自己的情绪吧。

练习

1　做一做抑制怒火的训练。

○试着做一做吧！

- 缓慢默数 1、2、3、4、5……

- 尽可能地吸气，然后慢慢吐气。

- 总之先离开那个让你生气的场所。

- 在脑海中试想将自己内心的怒火"浇灭"。

- 大口地喝水。

2　做一做宣泄情绪的训练。

○其实也有很多方法可以让你宣泄你的怒火。

- 全力奔跑。

- 尽情地去踢足球。

- 大声喊出来（哭出来也可以）。

- 在笔记本或纸上随意涂鸦（当你冷静下来后再看
  或许会意外地觉得很有趣）。

3　找出你的发怒"临界点"。

○容易让你生气或者你曾经生气的原因都有哪些？试着写出来吧。

知道自己的发怒"临界点"，你会更懂得如何控制自己的怒气，变得冷静。

例：早上很困，却被人吵醒时（俗称起床气）

- _____

- _____

- _____

- _____

15 觉得自己让父母失望时

> 姐姐聪明，什么事情都做得很好。
> 爸爸妈妈凡事总是拿我跟姐姐比。
> 我觉得自己好像什么事情都做不好……

　　每当你这样想的时候，心里一定很难过、一定很孤独、一定不甘心吧……但你是不是又从来都不会将你的这些情绪表露在脸上，而总是装作一副很开心的样子，不让家人发现你的难过与悲伤。如果你有这份心痛与辛苦，不需要强行将它们隐藏甚至抹除，因为这就是你真实的情绪。

　　哭出来也没关系！

　　如果真的感到难过，心里无法承受，就找一个你信赖的人去诉说吧，你的心情会轻松许多。

练习

| 1 | 你现在的心理状况如何？下列描绘中有符合你心情的吗？ |

○试着画出你的心情。

| 2 | 试着描写出你现在的心情。 |

_____

_____

_____

将自己的情绪写在纸上，既可以让自己冷静下来，又方便过后阅读整理。

有些事情当你冷静下来再去看的时候，会发现并没有什么大不了——原来就这点儿小事啊。

※ 身边没有可以倾诉的人时……

　　任何人受到夸奖时都会很开心。能够毫不吝啬地夸奖朋友的优点、做得好的地方，这样的人难能可贵。或许你会有些许害羞，但如果你对朋友感到钦佩，觉得他真的很厉害，可以通过表情或身体语言将你这份钦佩的心情表达出来。试想一下，如果朋友夸奖你，他怎样说你会更开心？

·将你喜欢的表达画上"〇"，并且今天就试着对朋友说吧！

哇！	太棒了！	好厉害！
真好呀！	太帅了！	好优秀！
很厉害不是吗？	你做得真的很棒！	这你都做到了！
恭喜你！	接下来也要继续努力呀！	好漂亮呀！
耶！	你做得真的恰到好处！	真好！
没人比你更厉害了！	不愧是你呀！	你最棒了！

S同学好厉害！

第 3 章

说话简明易懂的方法训练

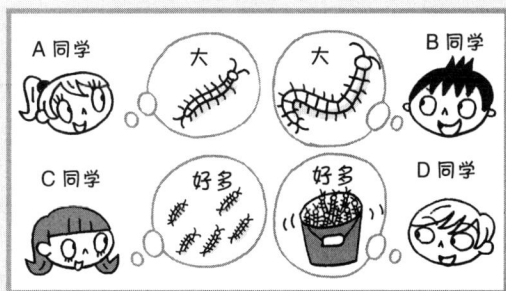

想要告诉对方外形或氛围时

家里来了一个新成员，是一只可爱的小狗！

当我想要跟朋友分享这个消息时，

我该如何表达呢？

"我家开始养狗啦！"

"养了什么样的狗呀？"

"一只超级可爱的小狗！"

只是这样表达，对方还是无法了解"一只超级可爱的狗"究竟是一只怎样的狗呢？

每个人对"超级可爱"的理解都不一样，仅凭一句"超级可爱"无法让对方想象到小狗的样子。想要让对方更好地理解我们说的话，能够在脑海中想象出小狗的样子，我们可以试着像画画一样向对方描述。

可以通过犬种、大小、颜色、毛的状态、特点等来进行描述。

如"小型腊肠犬""卷毛小狗""柴犬"等，让对方能够清楚地知道小狗的样子。

练习

两人一组，用语言对下面的图片进行说明。

○不给对方展示图片，仅用语言对图片进行说明。然后让对方将自己的说明与图片进行对比，看看自己的说明有没有很好地将图片信息传达给对方。

例：

小狗的说明

• 犬种……卷毛犬

• 大小……小型犬（用手势比画大小）

• 颜色……白色

• 毛的状态……蓬松、柔软、一圈一圈地卷着、毛短

• 特点……身体很长、腿短

问题

!　首先从是"狗"还是"书包"或是其他物品等大的概念开始介绍（参照第22节）。然后再一层一层细致地展开说明。

17 | 想要清晰易懂地说明时

呃……

皮卡丘是一种零食吗？

爷爷问我："皮卡丘是什么呀？"
我应该怎么解释呢？

要给完全不知道皮卡丘是什么的爷爷介绍皮卡丘，应该怎样说呢？"长得像老鼠，全身黄色，耳朵长长的。尾巴像闪电，噼里啪啦地可以发电。"这样说怎么样？用爷爷知道的东西去比喻，就可以清晰易懂地介绍皮卡丘啦。

为了让对方更好地理解，有一种方式就是使用比喻，如"像……一样""好似……"等，用对方"已知的东西"去比喻，对方一下子就能领悟到你想表达的是什么。

比如，使用"像甜筒冰淇淋一样的云朵"这样的描述，脑海中是不是一下子就会出现云朵的形状？这样就非常清晰易懂了吧。

练习

1   将下面的物品用比喻的方式表达一下吧！

○爸爸的大肚子像 （　　　　　　）一样。

○婴儿软软的脸颊像 （　　　　　　）一样。

○叔叔蓬松的头发像 （　　　　　　）一样。

2   在下列（　　）中填写适当的词语。

○ 也可以从右侧方框中选择。

抱枕	爸爸	豆腐	妈妈
天空	大海	烤炉	春风
棉花糖	冰淇淋	老师	
棒球场	澡堂	蜜蜂	熊

- 像（　　　）一样忙
- 像（　　　）一样暖
- 像（　　　）一样凉
- 像（　　　）一样大
- 像（　　　）一样软
- 像（　　　）一样宽广

!　也可以想想其他的表达方式。
例如"……得快要……""……得和……一样"
- 被老师表扬了，高兴得快要叫出来。
- 和朋友吵架，难过得快要哭了。
- 远足时一直步行，累得快要站不住了。

18 想要简单易懂地描述"大小""多少"时

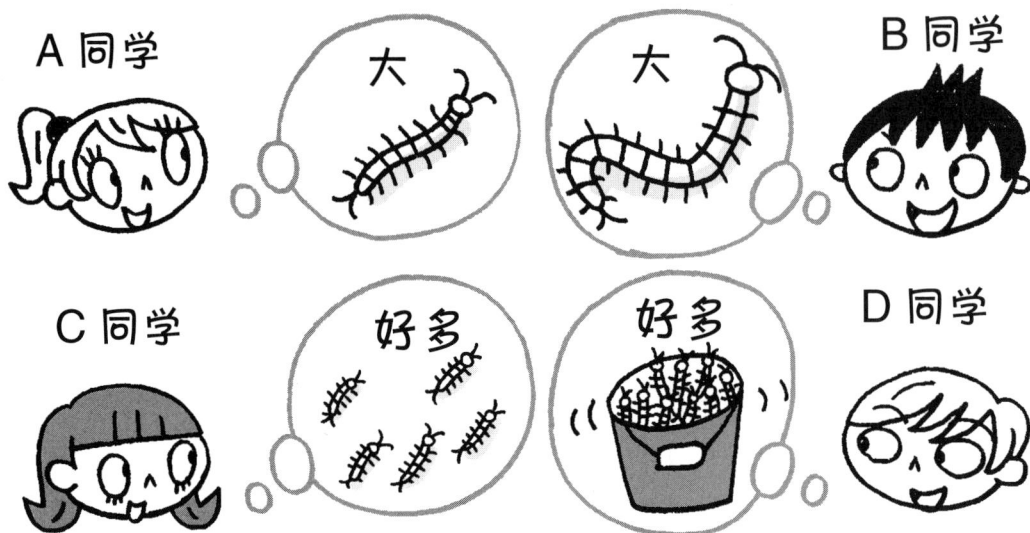

A 同学

大

大

B 同学

C 同学

好多

好多

D 同学

今天在公园里看到了好多好大的蜈蚣。

你在描述你见到的东西时，是不是也经常用"特别大""超级多"这种表达方式？

这些表达方式我们虽然经常用，但其实听的人不是很容易理解。因为每个人对"大小""多少"的理解都不一样。

这种时候，我们可以试着用"数字"来描述。比如：

特别大→"大概有 15 厘米长"；

超级多→"有 10 多只"。

加了数字之后，脑海中是不是就可以明确地感知到蜈蚣实际的大小和数量了？

在日常生活中，也试着多用"数字"去表达吧！

练习

1 在下面的句子中加入数字进行表达训练吧！

例：大大的汉堡 →（直径大概 15 厘米）

- 很多人一起玩 → （　　　个人一起）
- 今天学习了很久 → （大约　　小时）
- 很早之前就知道了 → （　　年前）
- 经常去 → （每月大概去　　次／每年大概去　　次）
- 从以前开始就住在这里 → （从　　年前开始／从爷爷那辈开始）

2 将自己的身体作为参照基准去表达。

手掌展开时的最大长度

（　　　）厘米

手臂长度

（　　　）厘米

双臂展开时的总长度

（　　　）厘米

身高（　　　）厘米

体重（　　　）千克　　　脚长（　　　）厘米

! 知道上述信息，用身体丈量大小时会更加便利！

43

19 认为对方似乎理解错了的时候

跟妈妈讲 S 同学的事情，
可是妈妈好像弄错对象了。
因为我认识的同学里有两个叫 S 的。

认识的同学里有两个叫 S 的，一个是"学校班级的 S 同学"，一个是"兴趣班的 S 同学"。在对妈妈讲起 S 同学时，一定要加上"×××的 S 同学"哦。

你在讲的时候可能认为对方理所当然能理解你讲的是谁，但其实很多时候对方并不能搞清楚。所以，加上"×××的"会更便于对方理解。

在与他人交流时，一边想着"对方是否真的理解了"一边去表达十分重要。

练习

①妈妈要去买东西，这时你说"买一些我喜欢吃的零食回来呀"，妈妈说"好的"，然后你满心期待地等妈妈回家。可妈妈带回来的全都不是你喜欢的零食，你失望极了。

·那么，你当时应该怎样说才更好呢？

_____

_____

②放学后，你对朋友说"我们在老地方见"，结果朋友却没来。你奇怪到底是怎么回事，原来朋友在别的地方等着你呢。

·那么，你当时应该怎样说才更好呢？

_____

_____

③早上出门时妈妈问"东西拿好了吗"，你以为妈妈说的是"体操服"，于是说"嗯，拿好啦"。结果妈妈说的是"雨伞"。放学回家时下起了雨，因为没带伞被雨淋湿了。

·那么，你当时应该怎样说才更好呢？

_____

_____

! 答案并不只有一种。

参考答案

①说出你喜欢的零食的名字，比如"我想要薯条和曲奇饼干"，或者向妈妈确认："您要给我买什么回来呀？"

②"老地方"其实是一种很模糊的表达方式。我们可以说清楚具体的地点，比如"学校正门前""水房"等。

③如果能反问妈妈"拿什么"就好了。同样，对于妈妈来说也是，如果妈妈更具体地问"雨伞拿好了吗"就更好了。

20 想要整理思路后再说时

学校组织去野营，一天下来玩得特别开心。
回到家，妈妈问："今天玩得怎么样？"
一下子不知道从何说起，今天发生的事情可太多了。

当你有很多事情想说时，有一个很方便的办法能让你说的话更清晰明了，那就是使用"数字"，这一方法也叫作"序号法"。

如果你用"第一""第二""第三"……作为开头一个一个按顺序去说，你会更容易表达。

"今天发生了特别多有趣的事情，第一个是玩水，最有趣了，虽然鞋子和裤子都湿了，嘿嘿……"这样说的话，听的人会觉得很好理解。"序号法"在写作文时也经常可以用到。

练习

■ 早上从醒来到去学校之前要做的事情

1.
2.
3.
4.
5.

■ 去郊游时发生的有趣的事情（周末和家人一起外出发生的事情也可以）

1.
2.
3.
4.
5.

■ 生日时想要的礼物（也可以是儿童节时想要的礼物）

1.
2.
3.
4.
5.

■ 这学期必须要做的事情

1.
2.
3.
4.
5.

! 今后，当你想说的事情有好几个时，可以试着这样说："我想说的有好几个，第一个是……"

47

21 想要说明一些很复杂的事情时

When 什么时候

Where 什么地点

Who 谁

What 做了什么事情

5W1H

Why 为什么
How 怎么样的

昨天邻居家进小偷了。

警察叔叔来家里询问昨天的情况："你昨天有没有看到什么呀？"

说起来，我昨天确实看到了令我感到奇怪的事情。

向他人描述一件事情时，可以用下面的两种结构。

A 结构："什么时候""谁""在什么地点""做了什么事情"

B 结构："怎么样的""为什么"

构成事件主体框架的 A 结构是说话的基础。例如：

"昨天傍晚，一个我从没见过的人从邻居家的玄关处走了出来。"
　＜什么时候＞　　　　＜谁＞　　　　　＜什么地点＞　＜做了什么事情＞

在此基础之上，用结构 B 加以补充说明。例如：

"那个人穿着……的外套，身高……，长相……"等。
　　　　　　　＜怎么样的＞

为什么你当时觉得奇怪呢？可以说说你的理由。

加上"你当时的感受"，就可以形成你完整的表述了。
　　　＜为什么＞

练习

看下图，完成描述。

什么时候？ →

_____

谁？ →

_____

在什么地方？ →

_____

发生了什么？ →

_____

目前是怎样的情况？ →

_____

为什么会这样（你想到的）？ →

_____

2 遇到下面的情况，你该如何向老师汇报？

○在学校向老师报告教室里自习的情况。

_____

_____

○向老师报告班委会活动的情况。

_____

_____

_____

22 想要让对方更好地理解你时

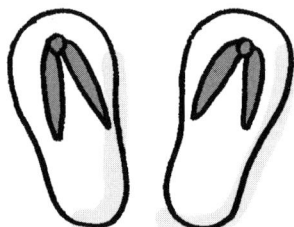

妈妈带我去买运动鞋，到了鞋店，妈妈说：
"因为是给你买鞋，所以你自己跟店员说你想要什么样的吧。"
这时，我该怎么说呢？

　　说之前，应该在自己心里想好自己想要表达些什么。自己想要什么样的鞋子，比如说"白色鞋身、有蓝色条纹、鞋码是35码的"等。然后，说的时候要注意表达的顺序（逻辑）。

　　整体的描述→具体的细节说明

　　首先要告诉对方接下来你要讲的主要事情是关于什么的，让对方做好倾听的准备，例如"接下来，我要说一下关于 ×× 的事情"。上面的情况就可以说"我想看一下鞋子"，这就是你接下来要说的主题。接着，就要说具体的细节，"我想要 ×× 的、×× 的……"总之，在说之前，要先在心里打好草稿，想好你要说些什么。

练习

下面的场合，你该如何表达？

○在商场买衣服时，你想要买衬衫和牛仔裤……

主题说明→

_____

_____

_____

细节说明→

_____

_____

_____

○你来到一个超级大的书店，你想在里面找到你想要的绘本……

主题说明→

_____

_____

_____

细节说明→

_____

_____

_____

○你在车站弄丢了钱包。你该如何向车站的工作人员说明呢？

主题说明→

_____

_____

_____

细节说明→

_____

_____

_____

23 需要为他人指路时

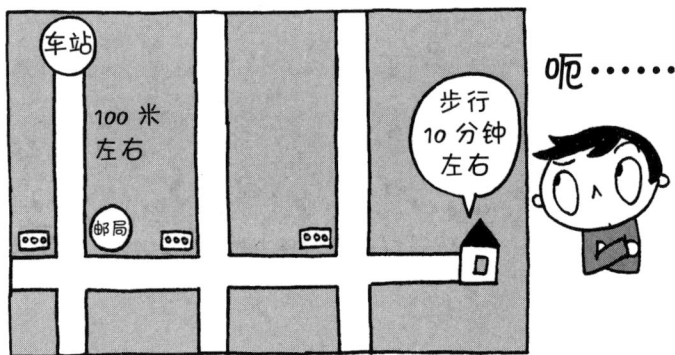

有亲戚来我家拜访，将要离开时，问我：
"从这里去车站怎么走？"
我应该如何指路呢？

你有向他人说明过路线吗？告诉别人你经常走的路，或是你知道的路，想要表达得简单明了其实并不是一件容易的事情。也许你觉得"不就是这么走吗"，但当你要向别人说明时，才发现没那么轻松。

把自己当成那个不认识路的人，试着回想一下一边走一边会看到身边都经过了哪些地方。

指路的关键是以下几点。

①首先告诉对方你要指的是从哪儿到哪儿的路，比如跟对方说："现在我告诉你从我家到车站的路。"

②告诉对方一些整体的情况，比如"大概步行需要 ×× 分钟""大概需要走 ×× 米"等。

③用路口、红绿灯等能够作为标识的地方和事物加以数字进行描述会更容易理解，比如"要经过 3 个路口""在第三个红绿灯处右转"等。

练习

学校

比萨店

文具店

坡道尽头

医院

书店

我家的高层楼房

坡道

平房

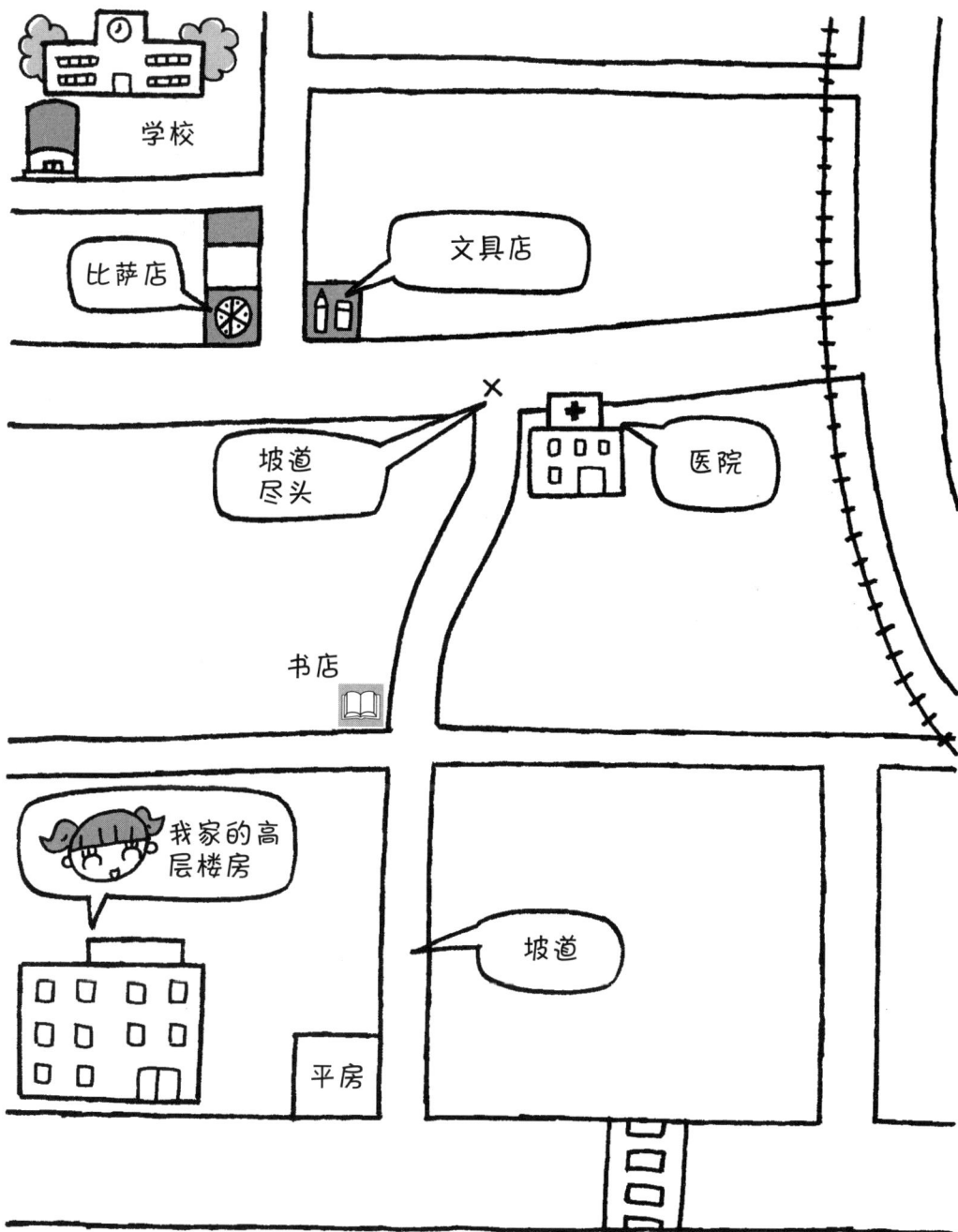

从我家到学校大概需要步行 7 分钟，如果是跑步的话，需要 3 分钟左右。

53

你是否有过在学校突然肚子痛的经历？或者在体育课上受伤、课间和同学打闹摔倒的经历？这时当你被送往医务室后，你该如何跟医务室的老师说明你的情况呢？

结合"21 想要说明一些很复杂的事情时"的方法，思考一下你该如何说明吧！

■回想一下向他人描述一件事情时，可以用到的两种关键结构

　A 结构："什么时候""谁""在什么地点""做了什么事情"

　B 结构："怎么样的""为什么"

• 从什么时候开始？	从傍晚开始、从第二节课的时候开始、从大概30分钟前开始……
• 哪里不舒服？	头、肚子、胸口、后背、腿……
• 在什么地点受伤的？	体育馆、操场、走廊、楼梯……
• 什么样的痛法？	隐隐作痛、绞痛、针扎似的痛……
• 有什么其他感受？	站不起来、无法呼吸、想吐……

■练习问题

足球训练结束后，脚很疼。现在，你该如何说明？

_____

_____

第4章

将想法捋清后再进行表达的方法训练

24 不知道"接下来该怎么办"时

在学校弄丢了家里的钥匙。
跟老师说明情况后，老师却说："所以呢？"
这时我该怎么说呢？

如果只是说"我把钥匙弄丢了"，对方也不知道你想要怎么办。说话时很重要的一点是要让别人知道你接下来"想怎么办"。比如：

- 希望您和我一起找一下钥匙……
- 我想给家里打个电话，想要借用一下您办公室里的电话……
- 哥哥放学回家后我就能进家了，所以在哥哥放学回家之前我想在学校多待一会儿……
- 我也不知道该怎么办，想拜托您和我一起想想办法……

在说话之前，首先想想自己"想要怎么办"。想清楚以后再跟对方说。在日常生活中，也要养成时常问自己"我想要怎么办"的习惯。

练习

当你遇到下列情况时，你会"想要怎么办"？

○想要领取郊游的照片需要提交申请书和现金，截止日期是今天，但你来学校时忘带了。

- 你想怎么办？

- 为此，你应该怎么做，需要向谁说什么？

_____

_____

_____

○突然下雨了，但你没有带伞。

- 你想怎么办？

- 为此，你应该怎么做，需要向谁说什么？

_____

_____

_____

○走在你前面的人，包里的东西不小心掉了出来。

- 你想怎么办？

- 为此，你应该怎么做，需要向谁说什么？

_____

_____

_____

○在商店里买了电动玩具，回家后发现是坏的，你又回到了店里。

- 你想怎么办？

- 为此，你应该怎么做，需要向谁说什么？

_____

_____

_____

25 无法决定"接下来该怎么办"时

A虽然很近，但教室不漂亮。

B虽然有些远，但教室很漂亮。

我打算去钢琴教室学习钢琴，
附近有两家钢琴教室，
我不知道去哪家更好。

你也经常会有这种选择困难的情况吧。大人也是一样，每天都在面临艰难的选择。遇到这种情况，想要好好整理自己的思路，制作表格不失为一个好办法。

■ 去钢琴教室参观时的感受

A 教室	B 教室
离家近	教室特别宽敞明亮
有两个朋友也在这里学	骑自行车去需要花 10 分钟
上课时间不合适（和游泳课冲突）	感觉老师很好
感觉老师很好	附近有便利店

当你写出上述内容后，或许会发现"离家近"和"有两个朋友也在这里学"似乎对你来说更重要。于是你决定调整一下游泳课的时间，最后选择在 A 教室学习钢琴。如果没有对你来说绝对重要的因素，可以选择优点更多的那个。

练习

■儿童节或生日时想要的礼物

■想要用下次的零花钱买的东西

■暑假想要去旅游的地方

! 无须纠结，把你脑海中瞬间闪过的内容全部写上。
之后再通过对比，可以让你的心情更加清晰明了。

26

被误解时

放学后当我去参加扫除时，发现一个人也没有。

我以为大家已经打扫完了，于是我也就回家了。

第二天来到学校，老师批评我："你又偷懒了？没有打扫卫生呀！"

我希望老师能听听我的解释。

首先，这种场合千万不要抢着说"我是因为……"，这样听起来会像是在找借口。我们第一要做的是认真听对方把话说完。如果你认为是被对方误会了，在对方说完后，我们可以先冷静地说一些前文中提到的"缓冲语"。

可以冷静地、缓慢地说："好的，您稍等一下，请听听我的解释。"然后再将自己想说的整理好传达给对方。

按照时间顺序，将"当时发生的事情（事实）"和"当时以为的（感想）"分开来说。

为了能够更好地应对这种突然被误会的情况，从现在起就多加练习吧！

■ 按照时间顺序总结事实

时间	发生的事情（事实）	所想到的（感想）
（昨天） 班会结束后	去楼下找 1 班同学还了一本书。	借了一直没还，感到很抱歉。
	回来之后发现教室里没有人了。	怎么回事呀？
	又去书法教室和音乐教室找，都没有人。	到底怎么回事呀？ 难道是今天不用打扫卫生吗？
	于是回家了。	
（今天） 早上来到学校	E 同学说我"昨天偷懒没参加卫生扫除"。	原来昨天有卫生扫除呀。
	S 同学告诉我"昨天我们都去打扫体育馆了"。	要是我再多等一会儿就好了。

练习

将你身边发生的事情进行整理，把你看到的和你想到的记录在下面的表格中吧。

■ 儿童节或生日时想要的礼物

时间	当时发生的事情（事实）	当时以为的（感想）

27

想让对方认可
你说的话时

这是我的
自动铅笔……

这是我的……

明明是我的……

S 同学的自动铅笔找不到了，
她说我的自动铅笔和她丢失的那支一模一样。
可是这支笔明明是我的呀！

遇到这种情况，你的大脑是不是一片空白？但越是这种场合，你越要尽快冷静下来思考。

想要让对方认可你说的"这支笔明明是我的"，就一定要有相应的"理由"。

无论你强调多少遍"这是我的"，如果没有事实作为依据，就无法说服他人。你这样说有"理由"吗？有能够成为证据的"事实"吗？

■ 证明"这是我的东西"的理由与事实

理由（为什么这样说）	事实（相应证据）
我的笔袋里一直都有这支相同颜色、相同粗细的笔。	这是今年夏天去游乐园的时候爸爸给我买的。
笔杆的位置有一个划痕。	这是借给弟弟时不小心笔被摔了一下造成的。

> ! 说明方式的例子 = "因为 ××××，所以 ××××。""这是因为有 ×××× 这样的事实证据，所以 ××××。"

练习

试着整理说明理由与事实吧！

○有人在课桌上用红色的笔随意涂鸦，老师问这是谁做的。你正好有一支红色的笔。

  怎样跟老师说明"这不是我做的"？

理由（为什么这样说）	事实（相应证据）

★回答案例★

理由……我昨天放学后马上就回家了，没有在教室停留，之后也没有再进过教室。

能够作为证据的事实……我去了兴趣班。

28

想要解决争执时

> B 同学不小心踩到了 A 同学的脚。被踩的地方正好是 A 同学昨天受伤的地方。A 同学疼得抱怨起来："好疼啊！你怎么搞的啊？踩到我了！"并不知道 A 同学脚受伤的 B 同学听完也生气地反驳："我又不是故意的，真是小题大做！"

同学之间发生这种"争执"不足为奇。人各不同，每个人的想法和意见也不一样。如果自己的想法、意见和对方不一样，不要强行自说自话，要学会交流与沟通。

但如果争吵起来，很多时候我们听不进对方的话，也很难冷静地表达自己的想法。所以这里给大家介绍一个好办法——签署停止争吵·握手言和的誓约书。在签署誓约书之前要先来了解一下有关规则，可以在班级或小组里试行一下哦！

练习

☐ 做到不大喊不叫、不哭不闹、冷静沟通。

☐ 在对方说话时，不随意打断，认真听对方把话讲完。

☐ 双方依次表达。

☐ 双方一起说出事件的全部经过与事实。

☐ 思考下列事项，再次进行交流。

　① 有没有伤害对方的身体？

　② 有没有伤害对方的心灵？

　③ 有没有撒谎？

　④ 有没有做一些不是很光明正大的事情？

☐ 相互退让一小步。

☐ 选择大家都赞同的解决方式。

2　签署停止争吵·握手言和誓约书吧。

我们将遵守停止争吵·握手言和的有关规则，相互沟通、交流。

我们在此表明言和意向。

　　　日期：_____ 签名：_____

　　　日期：_____ 签名：_____

　　　日期：_____ 签名：_____

　　　日期：_____ 签名：_____

　　　日期：_____ 签名：_____

　　　日期：_____ 签名：_____

　　　日期：_____ 签名：_____

　　　日期：_____ 签名：_____

！　不仅仅是发生争执时，在没有遇到问题时大家也可以一起来确认这些规则。

29 遇到"糟了"的情况时

放学回家后，发现妈妈不在家，我进不去家门。
但突然想上厕所了……情况十分紧急！

　　遇到这种情况，我们该怎么办呢？想必无论是谁，这时都会拼命想办法吧。想啊想，想啊想……啊，对了！去邻居家借用一下厕所吧！这是个好办法。可是当你按响门铃后，却发现邻居家也没有人……于是，你不得不再想更多的办法。比如：

- 跑到车站，去用车站里的厕所；
- 去便利店问问能不能用一下便利店里的厕所；
- 忍耐一下，等待妈妈回家。

　　遇到紧急情况时，你能尽可能多地想出许多办法吗？我们可以提升自己想出各种解决办法的能力，在平时加以训练，以备不时之需。

练习

○电车上弄丢了车票，你会怎么做?

① _____

② _____

③ _____

④ _____

⑤ _____

○又忘了昨天是去图书馆还书的日子。

① _____

② _____

③ _____

④ _____

⑤ _____

○停在公园门口的自行车不翼而飞了。

① _____

② _____

③ _____

④ _____

⑤ _____

感到"糟糕，要被批评了"时

又忘记写作业了，这已经是本周第二次了……
这次会被老师狠狠地批评吧……
我该怎么解释呢？

那么，遇到这种情况，你该怎么解释呢？非常遗憾，这种情况下我只能给你一种建议，那就是真诚地道歉！

除此之外，我可以告诉你道歉之后你该如何行动。

我们来想一想："如何才能重获老师的信任呢？"能否弥补你的错误，可以通过你之后的言行来决定。

"我会利用今天课间休息的时间来完成""我今天回家完成后明天一定带到学校来""下一次绝对不会再忘记了"等，可以向老师表达你下一步的计划与决心。这可以体现你弥补错误的态度诚恳而坚定。

但绝不能光说不做，说了，就一定要做到哦！

练习

○妈妈出门前对你说:"记得收一下晒在外面的衣服呀!"可你看电视看得入了迷,竟把这件事完全抛在了脑后。这期间外面下起了雨,衣服全部被淋湿了。这时妈妈买完东西回家,你应该如何跟妈妈道歉呢?

_____

_____

_____

_____

○和朋友约好了下午 3 点在公园大门前见面,可你把这件事给忘了,出门和妈妈购物时突然想了起来。怎么办,朋友一定很生气吧……

_____

_____

_____

_____

○你和大家一起跟 A 同学开了个玩笑,但 A 同学把这件事告诉了老师,你被老师叫过去谈话。你明明只是想和 A 同学开个玩笑……

_____

_____

_____

_____

31 想要与对方交涉时

做值日生分发午餐时，总是自己分发牛奶，
另一个搭档分发点心。
自己偶尔也想分发点心。
可是搭档总是抢着干。
要是两个人能轮流做就好了。

　　我也想分发点心，好想和搭档换一换呀。你是否也常常这样想呢？
但当你这样想的时候，却总是找不到解决办法。如果能够掌握"交涉"
的方法，就可以在不发生争吵的前提下，实现自己的期望。

　　"交涉"不仅仅是为了满足自己的期望，更是一种通过与对方沟通，
找到双赢结果的方法。先掌握交涉的规则，接下来就是拿出勇气进行实
践啦！

■ 交涉的规则

①自己的期望是什么 <u>想要负责分发点心</u>。

②想要实现这个期望的理由 <u>一直以来总是分发牛奶，一次也没有分发过点心</u>。

③能够让对方接受的条件（至少 2 个）：

　　· 明天我们再换回来（实行轮换制）；

　　· 通过石头剪刀布来决定（大家都有机会）。

④认真观察你想要交涉的对象，找准交涉的时机。

　　例如，和关系好的 K 同学去取餐车时就可以一边走一边说。

!　　交涉是两个人的事情，在制定交涉策略时要充分考虑到对方的性格特点。另外要找准开口的时机，以及表达出"我无论如何也想做 ×××"的热切心情。

练习

下述场合，你该如何进行交涉呢？

○家里有规定"每天只能看 1 小时电视"。但一直在看的动画片今天有个 2 小时的特别篇。你无论如何也想看完。

①自己的期望是什么＿＿＿＿＿＿＿＿＿＿＿＿＿＿＿＿＿＿＿＿＿＿＿＿

②想要实现这个期望的理由＿＿＿＿＿＿＿＿＿＿＿＿＿＿＿＿＿＿＿＿＿

③能够让对方接受的条件（至少 2 个）＿＿＿＿＿＿＿＿＿＿＿＿＿＿＿＿

④认真观察你想要交涉的对象，找准交涉的时机＿＿＿＿＿＿＿＿＿＿＿＿

○因为你已经三年级了，希望爸爸妈妈能给你稍微多一点的零花钱。

①自己的期望是什么＿＿＿＿＿＿＿＿＿＿＿＿＿＿＿＿＿＿＿＿＿＿＿＿

②想要实现这个期望的理由＿＿＿＿＿＿＿＿＿＿＿＿＿＿＿＿＿＿＿＿＿

③能够让对方接受的条件（至少 2 个）＿＿＿＿＿＿＿＿＿＿＿＿＿＿＿＿

④认真观察你想要交涉的对象，找准交涉的时机＿＿＿＿＿＿＿＿＿＿＿＿

游戏篇

是/不是小游戏！大家一起畅所欲言，发表意见吧！

能够让自己学会发表意见的小游戏。

一开始可能会觉得有些难度，但熟悉了就会觉得非常有趣哦！

游戏人数和所需物品

人数：3人以上。

物品：网球等。

规则

陈述意见时，不得和他人相同。

因此，也必须仔细倾听他人的意见。

游戏方法

①所有人围成一个圈。

②第一个人决定"主题"，并把手中的球传给左边的人。

③接过球的人，针对"主题"回答"是"或"不是"，并阐述理由。完成后将球传给下一个人。

④一圈结束后，球回到第一个人的手中，由第一个人发表意见，本轮游戏结束。

主题示例

· 你认为天赋比努力更重要吗？

· 你认为学生有必要配备手机吗？

· 你认为金钱能解决一切问题吗？

· 你认为应该通过法律禁止人们吸烟吗？

· 你认为购物袋收费这个规定好吗？

· 你认为"有梦想"会更幸福吗？

! 意见（想法）没有对错，任你所想，畅所欲言。

第 5 章

学会高情商应答的
方法训练

32 当被问到"怎么样"时

今天怎么样？

什么怎么样……
就一般般……

放学回家，妈妈问道：
"今天怎么样？"
什么怎么样呀，没怎么样呀，
我不知道该如何回答。

　　当你被问到"怎么样"时，你也不知道对方指的是什么，于是不知道如何回答，这样的心情想必大家都有过。但是妈妈也不知道今天你在学校具体经历了什么，所以也无法具体地针对某件事情询问。妈妈只是想知道你今天在学校生活得如何。

　　所以，对今天的学校生活一无所知的妈妈，我们哪怕告诉她一小部分也很好。无论是开心的、难过的，还是有趣的，抑或是令你生气的。

　　只要是你能想到的，什么都可以说，这样就足够让妈妈了解到你的学校生活啦。

练习

○一件微乎其微的小事也可以。对你来说也许是一件毫不起眼的小事，但对于家人来说，却是他们未知的新鲜事呀。

1. 上学 / 放学的路上

   有没有遇到和往常不太一样的事情？有没有遇到什么人？有没有看到、听到什么新鲜事？

   _____

2. 课堂上

   有没有新的知识让你感叹："哦，原来是这样！"

   又或者，有没有老师讲的新知识你没有听懂？

   _____

3. 在食堂吃饭时

   今天什么菜你觉得好吃？全部都吃完了吗？有没有找食堂阿姨再打一份？今天的菜品有哪些？

   _____

4. 关于老师

   有没有被老师批评？或者有没有被老师表扬？

   _____

5. 关于朋友

   课间休息时和朋友聊了些什么？有没有和朋友吵架？

   同学们身体都好吗？有没有生病请假没来上课的同学？

   _____

6. 关于自己

   有没有落下或丢了什么东西？等等。

   _____

33 被朋友问"你在听我说话吗"时

喂，你在听我说话吗？

发呆——

M同学找我聊天，我正想着如何回答她，她却说："喂，你在听我说话吗？"
这时候我该怎么办呢？

如果你在跟别人说话时，感觉别人在想其他事情，你是不是也会担心——嗯？他是不是在无视我？他是不是没有在认真听我说话？你自己在心里不停地琢磨，焦急地想要寻找答案，但这时对方或许对此毫不知情。

因此，别人在对我们说话时，我们也要时时刻刻表现出来"我在认真听哦"！通过一些附和，让对方知道我们确实在认真倾听。

如果两个人离得很近，我们可以看着对方的脸，一边听一边点头。如果可以的话，可以适时给予对方一些简短的反馈，比如"是吗？""欸……""然后呢？"等。对方听到这些反馈，也能更好地继续讲下去。

相声之所以有趣，是不是因为两个人一唱一和、一来一去？交流同样如此。

练习

○两人一组，分别担任"逗哏"和"捧哏"。（一人主要叙述，另一人给予反馈。）

　把自己当成真正的相声演员，练习表演吧！

捧哏：我昨天去学英语了。

逗哏：是吗？那中国的鸡是"咯咯哒、咯咯哒"地叫，去国外之后呢？

捧哏：那一定是 Gegeda~Gegeda~ 吧！

逗哏：不对！鸡倒时差睡着了，才不会叫呢！

捧哏：什么玩意儿！

捧哏：你去看一眼今天大巴的运行时间表。（过了一会儿）

逗哏：看好了。

捧哏：所以呢？今天的运行时间是?

逗哏：跟昨天的一样。

捧哏：喂，喂，你这说什么废话呢……

○附和有下面几种方法。

1. 理解赞同法

　→嗯嗯。嗯。是的。原来如此。是吗。是呀。我懂。是吧。可以呀。很好呀。

2. 无语吐槽法

　→喂。什么玩意儿。你认真点！啊对对对！

3. 惊讶感叹法

　→真的吗？不会吧！太棒了！

4. 欣赏夸赞法

　→不愧是 ××！这不做得很好吗！哇，太棒了！

！ 附和是一种有人情味的表现。为了能够更愉快地与他人交流，学会以上附和的方法吧！

34 希望能成为他人的倾诉对象时

我不擅长表达，总是扮演倾听别人说话的角色。
所谓交流，真不是一件容易的事情呀……

善于交流的人，并不见得一定特别会说话。比如"善于倾听"，能够激发对方的表达欲，能让对方滔滔不绝地表达，交流也会很顺畅。

所以，能够对对方说的话感兴趣，听得津津有味的人，也可以说是善于交流的人。

我们可以一边倾听一边点头附和："啊！是啊！"

可以原封不动地复述对方的话："原来是 ××× 啊！"

可以询问、催促接下来的发展："所以呢？然后呢？"

还可以认同夸赞对方："真好呀！"

让我们成为一个能让对方充分表达的倾听者吧！

练习

玩一玩提问接龙游戏吧。

这是一个一边拍手打节奏、一边配合节奏对他人进行提问的游戏。

通过这个游戏，找到与人交流时节奏流畅的感觉吧！

游戏方法

①游戏需要 2 人以上参与。

②大家围成一个圈坐下。

③通过石头剪刀布决定谁第一个开始。

④伴随着拍手的节奏，从第一个人开始向左边的人提问："我的老家是××，你的老家是哪里？"

⑤下一个人同样踩着节拍，回答完上一个人的提问后，接着向下一个（左边的）人提问。

提问示例　最好是可以让人简洁回答的问题。

- 喜欢的电视节目是什么？
- 喜欢的漫画是什么？
- 喜欢的搞笑节目是什么？
- 家里有几口人？
- 最想收到的礼物是什么？

- 喜欢的歌手是谁？
- 喜欢的运动是什么？

! 遇到不想回答的问题时也可以说"这个问题回答不了"或是"这可是我的小秘密哦"等。这也是可以的！

35 想要安慰朋友时

听说小丫家里养的小宠物死掉了。

小丫那么喜欢它，现在一定很难过吧。

很想走过去安慰她，可又不知道该如何上前去跟她搭话……

你是否有过心爱的宠物离你而去的经历？如果有的话，那时的你是怎样的心情？

如果没有那样的经历，可以试着想象一下，如果发生类似的事情，你会是什么心情？

这时，你希望别人对你说点什么？或者，别人对你说什么你会感到好受一些？

"你现在一定很难过吧！"

"发生这种事一定很痛苦吧！"

"你想说话的时候，随时找我呀，我一直都在。"

也许有的朋友会让你别管他，让他静一静。此时，你可以说话，也可以不说话，静静地陪着他。当朋友感到悲伤时，我们以同样的心情帮他分担那份悲伤吧！

练习

1 看图，在对话气泡中填入合适的话语。

○朋友的母亲生病住院了，你该对他说些什么？

_____

_____

_____

○运动会接力赛上，队友因弄掉接力棒导致输了比赛，现在十分沮丧，你该对他说些什么？

_____

_____

_____

○试着用自己的话去安慰朋友吧！

　一定很辛苦吧。

　你还好吗？

　一定很孤单吧。

　我来陪你。

　你想找人说话的时候，随时来找我，我一直都在。

　别担心。

　别放在心上。你已经很棒了。

!　不说话也能传达心情的表达方法，比如拍拍对方的后背，握住对方的手，看着对方点点头等。

2 遇到下述情况，你该说些什么？

○学校组织远足野营那天，朋友生病无法前往，你该对他说些什么？

_____

○朋友住院了，你第一时间赶去看望他，此时你该对他说些什么？

_____

○你的朋友因为父亲换工作要搬家了，感到十分不舍，你该对他说些什么？

_____

36 听不懂对方的意思时

足球比赛开始前，教练跟我们讲今天的作战计划，可我并没有听懂是怎么一回事。
这时候该怎么办呢？

我还没弄明白是怎么一回事呢，比赛就已经开始了，这时候怎么办呀？万一没能按教练的战术计划进行又该怎么办呢？

不懂就问，并不是一件丢人的事情。如果你认为这件事很重要，而你又没有听明白，就放心大胆地去问吧！

"我没有听得太清楚，可以请您再说一遍吗？"

"刚刚教练讲的作战计划，我有点没听懂，你能再给我讲讲吗？"

"刚刚说的是什么意思呀？"

试着鼓起勇气去问吧！如果总是不懂装懂，不懂的事情会越积越多。即便反复询问也许会觉得有些不好意思，但问明白了总比一直不懂要好。不懂就问，不算什么。但已经问明白的事情，就一定不要再忘了哦。

练习

① "明天早上 ×× 点在大厅集合！"（一走神没有听到……）

② "请 @%￥#%……%&￥&……*"（是自己听不懂的一些词语……）

③ "因为……，所以接下来……"（周围太吵，听不清楚……）

④ "能去超市买一些土豆、胡萝卜、洗衣液和醋回来吗？"（这么多东西好像记不住……）

⑤ "星期天我去 ×× 车站旁的 ×× 大楼里的一个 ×× 店去玩的时候……"（说得太快了，没听清……）

⑥ "如果遇到这种情况，希望你可以这样做……"（哪种情况？怎样做？）

⑦ "你就随便'咻'地给做了就好了……"（听不懂什么意思……）

> **！** 提问时，态度和语气十分重要。闹脾气般的态度和攻击性的语言会让对方感觉很不好。让我们学会耐心、礼貌地提问吧。

★提问范例★

· 不好意思，我想确认一下明天几点集合？

· 对不起，我没太听懂是什么意思，能请您再解释一遍吗？

· 不好意思，刚刚周围太吵没有听清，能麻烦您再说一遍吗？

· 太多了，刚才没记下来，您再说一遍吧！

· 刚才您说得太快了，没听清，您慢慢再说一遍可以吗？

· 这种情况是指什么情况呀？具体怎样做呀？

· 啊，没有听懂。您再讲得清楚一些可以吗？我到底该怎么做？

37 不知该如何提问时

今天的课就
上到这里。

大家有什么
问题吗？

每次下课前，老师都会留出专门的时间，问大家：
"有什么想问的问题吗？"
我总是不知道该提些什么问题才好。

能够发现问题、提出问题，是一件很重要的事情。所以现在教你提问的秘诀吧！提问可以从 5W1H 的角度来进行。（参见第 21 节）

A 组："什么时候？""什么地点？""谁？""做了什么事情？"

B 组："为什么？""怎么样的？"

A 组提问是为了弄清楚主题，B 组提问是为了丰富主题下的内容与细节。

比如，今天的课上同学们各自发表了暑假时做的一些自由研究成果。你可以问一问："你为什么选择这个主题进行研究呀？""为了这个研究你都做了哪些努力？"想要提出好的问题，首先必须对对方说的话感兴趣。试着多提问，积累提问的经验吧！

练习

看图提问。

①我去旅游了。

关于①的提问

_____

_____

_____

_____

_____

②我去了这些地方。

关于②的提问

_____

_____

_____

_____

_____

③刚刚回到家。

关于③的提问

_____

_____

_____

_____

_____

 你可以提出多少问题呢?

38 想要漂亮地反击对方时

就考了这么点分呀！

嘻嘻嘻嘻

……

每次考试成绩下来，同桌小K总是故意问我："你考了多少分呀？"
然后偷瞄我的试卷，嘲笑我："才考了这么点分呀！"
我的心情糟糕透了。

此时，明明你已经很气馁、很难过了……这种情况，你一定很想说
些什么反击他，可就是不知道怎么说。你是否也有过这种体验呢？

或许你会想说："你不要再这样了！"但总感觉这样说会和同桌起争
执。而你其实也并不想闹得彼此不愉快。

你可以试着说得轻松一点。

试着找一找符合你当下心情的、轻松一点的反击话语吧。可以当作
开玩笑似的，参考相声表演中"捧哏"式的回答哦。

练习

下述反击的回答中，哪项最符合你的心情呢？

○被同桌说："才考了这么点分呀！"

"要你管！"

"你又考了多少分呢？"

"是呀，怎么学才能考高分呢？你教教我吧！"

"你怎么总是偷看我的卷子呀。"

"唉，我也很难过呀！"

"对呀，就这么点分，确实如此！"

你还可以选择把对方的话当耳旁风，左耳朵进右耳朵出。

○被同学说："你（或你的衣服、发型）一点都不好看。"

"没关系，做人重要的是内在。"

"啊，所以呢？"

"你不懂，这可是现在流行的。"

"好的，我会注意的！"

"你不知道什么叫'丑萌'吗？"

"看看你自己，还好意思说我。"

"你懂什么，这叫'个性'！"

对吧？我也觉得，我也觉得。

真的吗？

喂喂！

真是这样呢！

是吧！

39 被拒绝后十分沮丧时

我对同学说："放学后我们一起玩儿吧！"
却被拒绝道："对不起，今天不能和你一起玩儿。"
我沮丧极了……

好不容易鼓起勇气主动找同学玩儿却被拒绝了，你一定很沮丧吧。

"他们是不是讨厌我呀？"

"又是我……他们总是不想和我一起玩儿！"

"是不是我运气太不好了……"

你是不是也经常这样想呢？你这样想着想着，会忍不住低下头，说话的声音也越来越小，心情越来越糟糕。

但是乐观的人从不会这样想，他们会用积极向上的心态去接受这件事情。

"也许是因为他要去补习班吧！"

"不想和我玩儿就算了吧，我去找其他同学玩儿。"

这样想的话，也许你便能轻松地回答对方："是吗，这样啊……""那好吧，下次再一起玩儿吧！"记住这些不让自己心情沮丧失落的方法吧！

练习

■ 转换消沉情绪的方法

　·运动身体，将注意力集中在某件事上，就可以很好地转换心情啦！比如：

　　　踢足球

　　　尽情奔跑

　　　沉浸在音乐里

　　　弹钢琴

　　　练习书法

　　　牵着家里的小狗去散步

　·将自己的不甘心、难过悲伤的心情全都包在纸袋里，然后一下子把纸袋扯破，大
　　声喊一句："到此为止！"

　·将心中的郁闷、想说的话全部写在草稿纸上，然后尽情地把纸撕碎、扔掉。

■ 补充能量的方法

　·通过和朋友、家人聊天，从他们身上获得能量。

　·从你喜爱的动画片里的人物身上获得能量。

■ 让自己别往心里去的方法

　·试着说一说："没～关～系！"

　·试着想一想："凡事不用太过计较。"

40 一个人在家遇到陌生人打来电话时

告诉我
你妈妈
的电话

怎么办……

一个人留在家里时，突然有陌生人打来电话，说要找我妈妈。

这时我告诉他："妈妈不在家。"他却说："我有急事要找你妈妈，你告诉我她的手机号码。"

总觉得有些可疑……接下来我该怎么回答？

你会不会觉得"对方有急事要找我妈妈，那我一定要热情地告诉他"？

万万不可！

绝对不可以随便告诉陌生人你父母的联系方式（电话号码）。

遇到这种情况，我们可以这样回答：

"我让妈妈给你回电话过去，你告诉我你的姓名和电话号码吧。"

如果真是有急事找你妈妈，自然会告诉你他的个人信息，如果他说"那算了吧"，那就更加可疑了。

练习

声音："请问是黄先生家里吗？"（家里并没有人姓黄）

你："_____"

★回答方法与建议★

可以礼貌地回答："不好意思，不是。"
但切记，不可以因为想要更热情一些就自报家门说："我们家姓刘。"

声音："欸？是吗，好奇怪呀。真的不是黄先生家里吗？"

你："_____"

★回答方法与建议★

可以询问对方："你要拨打的号码是？"
如果对方还在不停地问你，你可以说："这里不是黄先生家。"然后直接挂掉电话就好了。因为有些心怀歹意的人会故意搜集他人的个人信息用来做坏事。但是，也有可能是对方真的打错电话了，所以我们回答时也不要让对方感到我们没有礼貌哦。

声音："我是××，你妈妈在吗？"（你并没有听说过××这个名字）

你："_____"

★回答方法与建议★

如果是完全不认识的人，千万不可以直接说："我自己一个人在家！"
你可以说："妈妈现在不在旁边。"
如果可以的话，你可以问一下对方："请问您是哪位？有什么事情吗？"
对方如果直接告诉了你，可以做一下记录，以免待会忘掉。

声音："你的家人什么时候回来？""他们去哪儿了？"

你："_____"

★回答方法与建议★

如果是认识的人，告诉他们这些信息也无妨。但如果是陌生人，就没有必要诚实地回答他们提出的这些问题了。我们可以说："我也不知道，你过一会儿再打过来吧。"然后直接挂掉电话就好。

掌握接打电话的基本礼仪，让对方感受到你是一个有礼貌的人吧！

■接听电话时的要领

　·如果对方没有自报家门，你需要礼貌地询问："您好，请问您是哪位？"

　·需要去叫家人来接电话时，要先说一句："好的，您稍等一下。"然后放下电话去叫家人来接听。

　·如果对方要找的人正好不在家，可以问："有什么需要我帮您转达的吗？"此时，记住一定要做记录。

■拨打电话时的要领

　·对方接通电话后，你首先主动问候并自报家门："您好，我是 ××。"

　·清晰明了地说出自己拨打电话的用意（如果要说的事情比较复杂，需要在打电话前先想清楚再拨打）。

　·挂电话之前也要礼貌地说："再见！"

　·等对方先挂断电话后自己再挂断。

■需要在深夜或大清早拨打电话时（尽量不要在深夜或大清早等会打扰他人休息的时间段给他人打电话，实在需要联系时，要使用以下语言）。

　·"这么晚（这么早）给您电话，实在是太抱歉了……"

　·"很抱歉这个时间给您打电话，打扰您休息了……"

■给朋友打电话但朋友不在家时

　·想让接电话的人帮你转达时可以说："我是 ××。打电话来是想约 ××× 一起去图书馆学习。您可以帮我转告他一声吗？"

　·想要表示过一会儿会再次联系时可以说："我待会儿再打过来。"或者说："等他回来后让他给我回个电话吧。"

　·电话的最后要礼貌地道别："打扰您了，再见！"

■拨打对方手机时

　·首先确认对方的状况可以说："您好，您现在方便接电话吗？"

　·如果对方现在不方便接听电话，要及时挂掉电话，等对方方便后再打过去。

留言记录		
1. 日　　期：　　月　　日		
2. 时　　间：上午 / 下午　　时　　分		
3. 对方姓名：		
4. 事　　情：		
5. 转达给谁：		

第6章
礼貌说话的方法训练

41 想让自己的表达听起来更有礼貌时

和妈妈去餐厅吃饭，服务员过来说：

"请问需要点些什么？"

我该怎么回答呢？

你想吃牛排……这时，你该如何点餐呢？

哪怕只是简单地说一个单词："牛排！"对方也完全可以理解。

但这只能算是"自说自话"，虽然对方也能理解，但算不上是礼貌的表达。如果你想要点牛排，你可以说：

"麻烦您帮我上一份牛排。"

"请帮我点一份牛排。"

当我们需要请求他人为我们做某事时，试着用"麻烦您帮我……""请您帮我……"这样的礼貌用语吧。

掌握了这样的礼貌用语，会受益终身。让自己学会在必要的时间、场合，对必要的人使用这样的礼貌用语吧。

练习

试着礼貌地回答下述问题。

<例> 坐飞机时被乘务员问道："您需要喝点什么饮料？"

→麻烦您帮我倒一杯橙汁。

1. 与妈妈的朋友们初次见面时被问道："你好，你叫什么名字呀？"

→_____

2. 在书店找不到自己打算买的书，被店员问道："您需要找什么书？"

→_____

3. 在便利店买完便当后被店员问道："需要给您一双筷子吗？"

→_____

4. 被爸爸公司的叔叔问道："长这么大了呀，现在上几年级呀？"

→_____

5. 在学校被陌生访客问道："同学你好，请问教务处怎么走呀？"

→_____

6. 坐电车时弄丢了车票，需要跟车站工作人员说明情况。

→_____

7. 已经坐上了地铁，但忘了确认这趟地铁是开往哪个方向的……想问问身边的其他乘客。

→_____

麻烦问您一下……

请您帮我……

可以请您……

礼貌用语非常重要！

★ 回答示例 ★

1. 您好，我叫 ××。 / 2. 我在找一本叫《××××》的书，请问它在哪里呀？ / 3. 好的，麻烦您了。（谢谢，这次就不需要了。）/ 4. 我现在上 × 年级。/ 5. 您好，您往前直走就到了。 / 6. 您好，我的车票弄丢了，请问我现在该怎么办呢？ / 7. 不好意思，打扰您一下，请问这趟地铁是开往哪个方向的？

42 有求于他人时

借我！

借我吧！

可以借我吗？

借给我！

希望你借我看一会儿……

如果你能借我看一会儿那就太感谢了……

借我嘛……

可以借我看一会儿吗？

我看一会儿哦！

同桌小T正在读一本漫画书，我觉得很有趣，想借来看一会儿。

我该如何开口呢？

当你有求于他人时，你通常会怎么说？

比如，当你想要对方借给你漫画书时，可以有各种说法，例如"借我吧！""可以借我吗？""借给我！""希望你借我看一会儿……""如果你能借我看一会儿那就太感谢了……"等等，也许你还能想出更多表达方式，其中让你感觉最好的是哪一种？

想要请老师、长辈给你帮忙时，需要使用更加礼貌的表达方式哦。

练习

尝试使用各种礼貌用语表达下面的含义吧。

①借我看一下。
②还给我。
③不要这样了。
④帮我一下。
⑤告诉我。

● 对朋友说时

① _____

② _____

③ _____

④ _____

⑤ _____

● 对老师说时

① _____

② _____

③ _____

④ _____

⑤ _____

● 对爷爷奶奶、叔叔阿姨等长辈说时

① _____

② _____

③ _____

④ _____

⑤ _____

43 有些话难以启齿时

下周日一起去郊游可以吗？

啊……
呃……
嗯……

朋友邀请我一起去郊游，
但我已经有其他安排了，该怎么拒绝才好呢？

你一定很苦恼吧。明明你也很想答应他，可偏偏那天已经有其他事情了，如何拒绝他呢？

拒绝分两种情况，一是有其他重要的事情要做所以不得不拒绝，二是自己不想做而想要拒绝。

理由不同，拒绝的方式便不一样；对方的身份不同，表达方式也会不一样。但无论怎样，不要伤害对方的感情是大前提。思考一下，想要表达拒绝等难以启齿的内容时，有哪些表达方式呢？

练习

1　下述表达方式中哪项与自己的想法一致?

■ 收到邀请但想要拒绝时

・谢谢你的邀请……但我今天有 × × 要做,我们下次再约吧!

・很高兴你能邀请我,但我今天不太方便,下次一定一起!

・好遗憾呀,我有别的事情撞在一起了。明天一起玩怎么样?

・对不起啊,今天好像不行……

・抱歉!

■ 想要拜托别人一件难以启齿的事情时

・我有件事想请你帮忙……

・如果可以的话,能请你帮我做一下 × × 吗?

・想请你帮我做一下 × ×,如果可以的话,什么时候会比较方便呀?

・如果你能帮我做一下 × × 的话,就真的太感谢了。

2　说一件难以启齿的事情时,试着用一用"缓冲语"吧!

・能打扰您一下吗?

・虽然有点不好意思,但还是想请问一下……

・有件事想跟你说,听完不许生气哦……

・能不能稍微麻烦您一下呀……

・我也考虑了很久,觉得还是得跟你说……

・我也是鼓起勇气才跟你说,其实……

!　"缓冲语"参见第 2 节。

44 想让自己的表达听起来令人舒服一些时

哇哈哈哈——
哈哈——

我该怎么跟他们说呢……

科学课外出参观时，小 T 他们一伙人实在是太吵了。
我想要提醒他们。这时该怎么说呢？

是大喊一声："你们太吵了！"还是轻声细语地告诫他们："你们这样会打扰到其他人的。"根据不同场合，有时也需要我们明确地指出他人的错误行为。

但是，即使是相同的意思，如果我们换一种说法，比如"我们安静一些吧！""大家都在这儿，我们小声一点，不要吵到其他同学！"等等，会不会让人听起来觉得舒服一些？

像"让我们××吧！""让我们××会不会更好呢？"这样，以请求、商量的语气提醒对方，会让人听起来觉得柔和、舒服。但如果以批评、命令的语气跟对方说，可能反而会引起对方的反感，更不会听从你的意见。

相同的意思，用肯定句式去表达，可以让对方听起来更舒服，不至于让对方感到受伤。

练习

1 请将下面句子的含义用请求、商量的形式表达出来。

例：你好吵啊！→我们能不能稍微小声一点呢？

1. 这本漫画，我才不会借给你！→

_____

2. 你真的动作好慢啊！→

_____

3. 周六不行！→

_____

4. 别说话了！→

_____

★回答示例★

1. 这本漫画我实在是没办法借给你，换一本别的借给你可以吗？

2. 我们能不能稍微快一些？

3. 能不能换到不是周六的日子？

4. 能不能先请你稍微安静一小会儿？

2 下面每组中的两种表达方式，哪一种让你感觉更好一些？在你认为更好的一种前面画上"○"。

（　）3 点前，我不能和你玩儿。

（　）3 点之后的话，我们可以一起玩儿。

_____

（　）你不能从这个门过去。

（　）麻烦您走旁边那个门吧。

_____

（　）不要践踏草坪。

（　）让我们爱护小草吧。

小结：各项训练的目标

为了让读者能够更方便地理解本书，这里就每一小节的主题及目标进行了总结。在给孩子们提供建议和指导时可供参考。

项目	主题	目标
第1章	**不同场景的表达方法训练**	
1	能够很好地问候他人	学会基本的问候语，懂得问候的意义
2	缓冲语	掌握愉快沟通的诀窍
3	和各种各样的人交谈	积累和更多人交谈的经验
4	结交新朋友	鼓起勇气主动找他人谈话
5	和发生争执的朋友重归于好	思考修复关系的方法
第2章	**不同心情的表达方法训练**	
6	体察对方的心情	关注对方的表情、语气和行为
7	表达自己心中所想	了解自己的心情
8	表现自己快乐的心情	学会展现自己的情感
9	整理自己凌乱的思绪	学会用思维导图整理思绪
10	被朋友捉弄时的应对方法	记住能够肯定自我的表达方式
11	被亲密朋友捉弄时的应对方法	了解表达自己不愉快情绪的重要性
12	有勇气做自己，哪怕孤身一人	能够跟从自己的良知而行动
13	成为了欺负他人的一方时	练习换位思考，想象对方的心情
14	控制愤怒的方法	思考如何控制愤怒的情绪
15	悲伤情绪的表达方法	认识到无须否定负面情绪，接纳一切情绪
第3章	**说话简明易懂的方法训练**	
16	传递信息时要让对方容易想象	像画画一样向人描述
17	用对方知道的事物进行比喻	使用比喻的修辞手法
18	使用数字进行表达	有意识地使用数字进行客观的表达
19	确认双方思维的差异	思考不让双方理解出现分歧的表达方法
20	有序说话	分条有序表达

项目	主题	目标
21	通过 5W1H 描述事实	确认汇报框架的制作方法
22	思考表达的顺序	认识到表达顺序不同，对方的理解也可能不同
23	指路	掌握给人指路时的要点
第 4 章	将想法捋清后再进行表达的方法训练	
24	整理想要表达的事情	养成自我询问的习惯，思考"我想要表达什么"。
25	弄清楚自己的情绪 / 意见	练习建立假说并进行判断
26	整理事实	将事实和感想分开进行客观表达
27	整理理由及其背后的事实	告诉对方你这样想的原因
28	尽可能避免和朋友发生争执	确认恢复关系的准则
29	思考多样的问题解决办法	练习各类场合下的发散思维
30	自我反省	思考弥补失误的办法
31	与人沟通交涉	掌握交涉的诀窍
第 5 章	学会高情商应答的方法训练	
32	回答对方想知道的事情	告诉对方你今天的所做所想
33	学会附和与追问	知道听话者的回应能让说话者心情愉悦
34	挑战进行流畅且有节奏的谈话	体验配合对方说话节奏的方法
35	配合对方的心情	思考如果你是对方，怎样的表达和态度能让你开心
36	养成不懂就问的习惯	学会提问、习惯提问
37	具体的提问方法	学会如何提出好的问题
38	转换低落情绪的方法	思考语言的丰富性
39	采用能够给予勇气的表达	思考从沮丧情绪中走出来的方法
40	接打电话的要点	知道在接打电话时的安全应对方法
第 6 章	礼貌说话的方法训练	
41	让人感觉良好的回答方式	注意礼貌用语
42	有求于他人	根据立场与状况调整表达模式
43	高情商拒绝他人的方法	思考不伤害双方感情的拒绝方法
44	练习礼貌用语	学会肯定句式的表达